Johann Ceh
Konflikte und Aggressionen bewältigen

Johann Ceh

Konflikte und Aggressionen bewältigen

CIP-Titelaufnahme der Deutschen Bibliothek

Ceh, Johann:

Konflikte und Aggressionen bewältigen / Johann Ceh. – 2.,
überarb. Aufl. – Landsberg am Lech : mvg-Verl., 1988.
  (mvg-Paperbacks ; 229)
  ISBN 3-478-02290-8
NE: GT

2. überarbeitete Auflage 1988

© mvg – moderne verlagsgesellschaft mbh
8910 Landsberg am Lech
Umschlaggestaltung: Hendrik van Gemert
Gesamtherstellung: Presse-Druck Augsburg
Printed in Germany 020 290/388802
ISBN 3-478-02290-8

Meiner Mutter

„Der eine lebt vom andern,
für sich kann keiner sein."
      Lothar Zenetti

„Während ich mich an deinen Grenzen stoße,
werden meine sichtbar."
      Kyrilla Spiecker

„Die Menschen, denen wir eine Stütze sind,
die geben uns Halt."
      Marie von Ebner-Eschenbach

Inhalt

Vorwort

Mit Aggression und Konflikten wird jeder von uns in allen Bereichen seines Alltagslebens konfrontiert. Man verhält sich aggressiv gegen andere und leidet unter den aggressiven Handlungen seiner Mitmenschen. Konflikte ohne aggressive Komponenten in Form von entsprechenden Haltungen oder Handlungen sind nur schwer vorstellbar. Wer mit anderen Menschen friedlich zusammenleben will, muß die menschliche Aggressivität verstehen.

Wir alle wissen um die vielfältigen Erscheinungsformen aggressiven Verhaltens. Wir alle haben schon versucht, darauf Einfluß zu nehmen.

Wie hängt nun Aggressivität mit der Natur des Menschen zusammen? Handelt es sich um einen angeborenen Trieb? Wird aggressives Verhalten durch Lernvorgänge erworben? Oder geht es dabei um die Reaktion auf bestimmte Umweltreize? Ist Aggression letztendlich ihrem Wesen nach *aktives* oder *reaktives* Verhalten?

Die Wirkungen der Aggression lernt der Mensch bereits früh in seinem Leben kennen; meist schon in einer Zeit, in der ihm noch keine Möglichkeiten der friedlichen Konfliktlösung zur Verfügung stehen. Sehr bald erfährt das Individuum in diesem Zusammenhang auch, daß mit dem Einsatz von Aggressionen schnelle und auffällige Änderungen einer Situation herbeigeführt werden können. Deshalb spricht vieles dafür, daß wir Aggressionen früh und gründlich lernen. Psychologisch gesehen müssen wir jedoch das, was wir gelernt haben, auch wieder verlernen können. Die Bewältigung von Aggressionen wäre damit ein Problem des Lernens im Sinne einer überdauernden Verhaltensänderung.

Anhand der Beschreibung verschiedener Aggressionstheorien werden in diesem Buch Ursachen für aggressives Verhalten aufgezeigt. Die einzelnen theoretischen Konzepte werden kritisch analysiert und bewertet. Die Erziehung, der Sport als wichtiger Subbereich des gesellschaftlichen Lebens und das Massenmedium Fernsehen werden in die Diskussion miteinbezogen. Schwerpunktmäßig geht es dann darum, aus den einzelnen theoretischen Ansätzen praktische Konsequenzen für die Vermeidung bzw. Reduzierung von Aggressionen abzuleiten.

Bei der Behandlung von Aspekten des Abbaus bzw. der Verhütung von aggressivem Verhalten und der Erörterung von Möglichkeiten, soziale und personale Konflikte zu analysieren und zu bewältigen und Konfliktfähigkeit aufzubauen, wird auf verschiedene Methoden der modernen Psychologie zurückgegriffen:

- Nicht-direktives klientenzentriertes Gespräch (Rogers)
- Transaktionsanalyse (Berne, Harris u.a.)
- Rational-emotive Therapie (Ellis)

Um in ärgerbetonten Konfliktsituationen psychische und zeitliche Distanz zum aktuellen Geschehen gewinnen und alternatives Verhalten entwickeln zu können, ist es eine große Hilfe, sich praktisch auf Kommando entspannen zu können. Im Zustand der Entspannung läßt sich auch die Motivationsautomatik des Unbewußten in Richtung bewußte Eigenmotivation verändern; entsprechende Möglichkeiten der Selbstbeeinflussung durch Verwendung von Suggestivformeln werden aufgezeigt.

Biberach an der Riß   Dr. Johann Ceh

Vorwort zur 2. Auflage

Das Buch wurde mit einigen Ergänzungen versehen. Die notwendig gewordene Neuauflage dokumentiert den Informations- und vielleicht auch Handlungsbedarf im Bereich Bewältigung von Aggressionen und Lösung von Konflikten.

Wir alle machen fast täglich die Erfahrung: Für Siege im Bereich der zwischenmenschlichen Beziehungen muß ein hoher Preis bezahlt werden. „Jeder Sieg zeugt neuen Krieg", denn die Niederlage verletzt das Selbstwertgefühl des Besiegten. Der Schrei nach Rache und Wiederherstellung der alten Position nach verlorenen Kriegen, war in der Geschichte der Völker oft Auslöser erneuter feindseliger Aktivitäten.

Gewinnen ist besser als siegen; *gewinnen* heißt, den anderen durch mein verbales und nonverbales Verhalten für mich einnehmen. Durch partnerorientiertes Verhalten kann man Ziele ohne Gewalt erreichen. Der Gegner fühlt sich nicht als Verlierer, sein Selbstwertgefühl bleibt intakt, die drohende Kettenreaktion der Gewalt wird unterbrochen. Auseinandersetzungen müssen sein. Aber die Partner müssen lernen, miteinander zu streiten und sich zu versöhnen, ohne dem anderen etwas nachzutragen. Das Leitziel heißt: Mit sich selbst und anderen besser zurechtkommen.

Biberach an der Riß   Dr. Johann Ceh

1. Aggression – Versuch einer Begriffsbestimmung

Im Zusammenhang mit dem Begriff „Aggression" denkt man zumeist an schädigendes Verhalten. Aggression ist ein „. . . physisches oder verbales Verhalten mit der Absicht zu verletzen oder zu zerstören" (Zimbardo und Ruch, 1978, S. 473). Unter „Aggressivität" versteht man die psychisch latent vorhandene, relativ überdauernde *Bereitschaft* zu aggressivem Handeln.

Da die Schädigungsabsicht im konkreten Fall objektiv schwer nachweisbar ist, schlägt z.B. Buss (1961) vor, nur solches Handeln als „aggressiv" zu bezeichnen, durch das ein Organismus (Mensch oder Tier) *tatsächlich* geschädigt wird.

Zur etymologischen Herkunft des Wortes Aggression und zum Bedeutungswandel, den der Begriff inzwischen erfahren hat, schreibt Hacker (1973, S. 73): „Aggression leitet sich vom lateinischen aggredior – aggredi ab und heißt ursprünglich herangehen (im Sinne von Annäherung), angreifen (im Sinne von berühren, aus dem später begreifen wird). Erst in neuerer Zeit ist Aggression als manifestes oder latentes Angriffsverhalten bekannt. . ." Demgemäß verwendet Hacker einen Aggressionsbegriff, der von „sozial gelernten und sozial vermittelten Formen von Selbstbehauptung bis zur Grausamkeit" reicht und grenzt ihn vom Begriff „Gewalt" ab: "Gewalt ist nicht mit Aggression identisch; Gewalt ist die offene, manifeste, ‚nackte' meist physische Ausdrucksform von Aggression."

In der Psychologie gibt es keine übereinstimmende, allgemein akzeptierte Definition aggressiven Verhaltens. Offen sind in diesem Zusammenhang auch die Fragen: Was ist als „Schädigung" anzusehen? und: Wer beurteilt das Ausmaß des Schadens? Wir wollen im folgenden von einem Aggressionsbegriff ausgehen, der auf Berkowitz (1971) zurückgeht und Aggression als ein Verhalten definieren, dessen Ziel eine Beschädigung oder Verletzung ist.

Typische Arten von Aggressionen sind in Abb. 1 zusammengestellt.

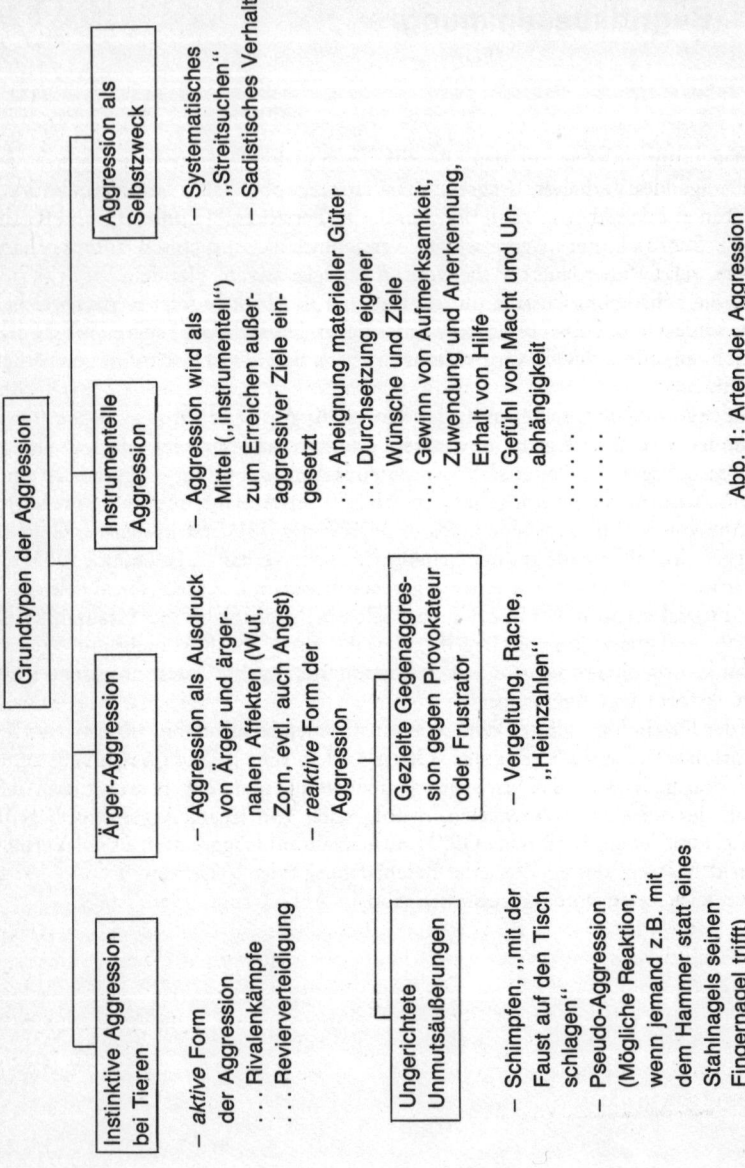

Abb. 1: Arten der Aggression

2. Selbstbehauptung versus Aggression

Menschen, die überwiegend aggressiv auftreten, sind geprägt von der Grundeinstellung: „*Du* bist nicht o.k.!" Häufig handelt es sich um Verlierer in Siegerpose, die oft eigenmächtig Entscheidungen für andere treffen. Diese fühlen sich dadurch bevormundet und reagieren deshalb mit Verletztheit und Abwehr darauf. Der „aggressive Typ" greift frontal oder verdeckt an und reagiert meist unangemessen auf Reize aus seiner sozialen Umgebung, die ihn stören; oft versucht er sich durch die Herabsetzung anderer aufzuwerten. „*Ich* bin o.k. und *Du* bist o.k.!" ist im Gegensatz dazu die Devise der selbstsicheren Persönlichkeit. Sie kennt ihren Wert, tritt für sich selbst ein und handelt direkt, überlegt und situationsadäquat von sich aus. Die gleichen Rechte werden auch anderen zugestanden; das Verhältnis zu ihnen ist bestimmt durch partnerschaftlichen Respekt. Gewonnen wird nicht durch Manipulation, sondern mit ehrlichen Mitteln. Lob und Tadel werden so angebracht, daß sich der Adressat nicht verletzt fühlt und das Gesagte akzeptieren kann. Selbstsichere Menschen drücken ihre Gefühle aus, wobei sie darauf bedacht sind, Empfindungen anderer zu respektieren. Solche Personen erreichen sicher auch nicht immer ihre Ziele; sie sind dann vielleicht enttäuscht, jedoch nicht verbittert. Vielfach ist ihnen auch der Prozeß wichtiger als das Endergebnis.

Häufig sind Probleme mit dem Selbstbewußtsein und der Selbstbehauptung die Ursachen für unangemessenes Verhalten. Aggressives Verhalten induziert bei anderen Menschen Gegenaggressionen, die häufig wieder – mit noch destruktiverem Verhalten – beantwortet werden: Der Teufelskreis hat sich geschlossen, schwere Störungen der mitmenschlichen Kommunikation sind die Folge. In diesem Zusammenhang kann man Fensterheim und Baer (1981, S. 52) nur zustimmen: „Es ist unmöglich, übermäßig selbstbewußt zu sein. Wenn man weitergeht, handelt es sich oft schon um Aggressivität und diese ist immer unangemessen."

Probleme im zwischenmenschlichen Bereich sind häufig auf ein negatives Selbstbild zurückzuführen. Ängste vor dem Versagen, vor dem „Gesichtsverlust" können tief sitzen. Oft sind selbstunsichere Menschen auch das Opfer einer „sich-selbst-erfüllenden Vorhersage". Eine negative Einstellung zu sich selbst begünstigt unsicheres Verhalten, das den Mißerfolg gleichsam anzieht. Eintretender Mißerfolg wiederum bestätigt und verstärkt seinerseits das negative Selbstbild.

3. Zur Aktualität der Thematik

Friedrich Hacker bezeichnet unser Jahrhundert als „Zeitalter der Grausamkeit" (1973, S. 17). Aggressionen sind an der Tagesordnung, Gewalt hat viele Gesichter.

Aggression — nachweislich gefördert durch die zunehmende Anonymität — ist eine Grunderscheinungsweise menschlichen Verhaltens, beobachtbar in allen Lebensbereichen.

- Etwa 1000 Kinder pro Jahr werden in der Bundesrepublik Deutschland durch ihre Erziehungsberechtigten zu Tode gequält; ungefähr 500 Schüler enden bei uns Jahr für Jahr durch Selbstmord.
- Rücksichtsloses und gewalttätiges Verhalten im Straßenverkehr.
- Kontakt- und Kommunikationsstörungen durch Aggressionen im privaten und beruflichen Bereich; hemmungs- und rücksichtsloses Erfolgsstreben erschweren das Zusammenleben und Zusammenarbeiten.
- Das „Radfahrer-Prinzip" und das „St. Floriansprinzip" spielen — sicher mitbedingt durch den Leistungsdruck — im Berufsleben eine nicht unerhebliche Rolle.
- Häufig wird nach dem Grundsatz verfahren: „Wie Du mir, . . ." und nicht selten „geht jemand über Leichen."
- In vielen Bereichen des privaten und beruflichen Lebens wird nach „Sündenböcken" gesucht.
- Aggressionen von Aktiven und Zuschauern bei sportlichen Wettkämpfen
- Nach der Sex- und Pornowelle in den Medien kam die Aggressionswelle.

Eine Folge aggressiven Verhaltens ist die zunehmende *Entfremdung* vom Mitmenschen. Für das Gefühl der Befriedigung, sich durchgesetzt zu haben, wird dabei ein zu hoher Preis bezahlt.

In diesem Zusammenhang stellt sich die Frage: Wie kann aggressives Verhalten abgebaut werden, bzw. wie kann von vornherein vermieden werden, daß es entsteht? — denn, entscheidend ist, daß man, zumindest nach überwiegender wissenschaftlicher Lehrmeinung, „nicht aggressiv ist, sondern aggressiv wird" (Hacker, 1973).

4. Welche Ziele werden mit diesem Buch angestrebt?

Richtziel:
Angemessener Umgang mit *eigenen* und *fremden* Aggressionen, da eine aggressions*freie* Gesellschaft wohl nur etwas faszinierend Utopisches ist.

Lernziele:
Der Leser soll
- Unterschiede zwischen aggressivem, passivem und selbstbehauptendem Verhalten kennenlernen.

- die Ursachen von Aggressivität verstehen lernen, damit das Verständnis für eigenes und fremdes Verhalten geweckt und problematisches Verhalten gegebenenfalls modifiziert werden kann.

- mit grundlegenden, einschlägigen empirischen und experimentellen Befunden zur Thematik bekannt gemacht werden.

- Aggression als Phänomen begreifen, dessen Ursachen aus verschiedenen modelltheoretischen Perspektiven (Trieb-Instinkt-Modell, Frustrations-Aggressions-Hypothesen, Lerntheorie der Aggression) beschrieben werden können.

- aggressionsverhindernde und -reduzierende Maßnahmen − also *praktische* Konsequenzen − aus den Theorien ableiten können.

- für aggressionsauslösende Reize sensibilisiert werden, um sie vermeiden zu können bzw. um adäquat darauf reagieren zu können.

- angemessene Handlungsmöglichkeiten und erprobte Methoden für den Umgang mit verschiedenen Äußerungsformen der Aggression kennenlernen.

- mit der Problematik *latenter* Konflikte vertraut gemacht werden, denn: „Ein Tropfen bringt das Faß zum Überlaufen, aber vorher muß es so mancher Tropfen gefüllt haben."

- aggressionsinduzierende und -reduzierende Erziehungskonstellationen unterscheiden können; zum Beispiel erfahren, wie man bei Kindern die Bereitschaft zu aggressivem Verhalten durch entsprechende pädagogische Maßnahmen systematisch beeinflussen kann.

5. Psychophysiologische Aspekte der Aggression

Alltagssprachliche Äußerungen wie, jemand ist „rot vor Wut" oder „vor Ärger läuft einem die Galle über" lassen den erfahrungsbedingten Bezug zum somatischen Geschehen erkennen. Die Zusammenhänge zwischen aggressivem Verhalten und physiologischem Geschehen sind jedoch außerordentlich komplex.

Als unbestritten gesicherter Befund aus einer Reihe von Untersuchungen gilt, daß durch gezielte Eingriffe in das zentrale Nervensystem oder in den Hormonhaushalt aggressives Verhalten ausgelöst werden kann.

Aus gehirnphysiologischen Experimenten mit Tieren weiß man, daß einige der im Versuch elektrisch oder chemisch gereizten Gehirnregionen – z.b. das wichtigste vegetative Steuerungszentrum (Körpertemperatur, Hunger, Durst, emotionales Verhalten), der Hypothalamus – in einem funktionalen Zusammenhang mit aggressivem Verhalten stehen. Zwei Beispiele solcher Experimente:

E. von Holst (1960) konnte durch Elektrostimulation des Hypothalamus bei Hühnern zielgerichtetes Angriffsverhalten z. B. auf einen ausgestopften Iltis und – bei höherer Spannung – auch auf einen runden Klotz auslösen. In einem Versuch von Smith, King und Hoebel (1970) wurden Chemitroden, d.h. mit Kanülen für die Einleitung von Chemikalien versehene Elektroden für Reizungsexperimente, in den Hypothalamus von Ratten eingeführt. Durch Zufuhr acetylcholin-ähnlicher Substanzen konnten Ratten, die sonst niemals Mäuse töteten, dazu gebracht werden, dieses Verhalten häufig zu zeigen; durch die Applikation von Acetylcholinblockern konnten spontan mäusetötende Ratten („killer rats") am Töten gehindert werden.

Zahlreiche Forscher haben sich in einer Vielzahl weiterer Experimente mit der gezielten Reizung anderer zentralnervöser Regionen beschäftigt.

In den Beziehungen zwischen Aggression und Biologie spielen auch hormonelle Faktoren eine Rolle. Die Hormondrüse für die Ausschüttung von Adrenalin und Noradrenalin – zwei Substanzen, die sich chemisch nur geringfügig voneinander unterscheiden – ist das Nebennierenmark. Tiere mit relativ großer Neigung zu Fluchtverhalten (Antilopen, Nagetiere, . . .) haben einen relativ hohen Adrenalin-Blutspiegel, Raubtiere, wie z.B. Löwen, weisen einen hohen Adrenalin- *und* Noradrenalinspiegel in ihrem Blut auf. Die von Ax (1953) gefundenen Untersuchungsergebnisse beim Menschen, sprechen für die Hypothese, daß bei „Wut" ein erhöhter Adrenalin- und Noradrenalinspiegel, bei Furcht hingegen nur ein erhöhter Adrenalinspiegel im Blut auftritt.

Die hormonelle pysiologische Reaktion hängt auch von der Einschätzung der jeweiligen situativen Gegebenheiten ab. Elmadjian verglich den Adrenalin- und Noradrenalinspiegel von aggressiv spielenden Feldspielern beim Eishockey mit dem von „ängstlich" im Hintergrund wartenden Torstehern. Bei den Feldspielern fand er einen Anstieg der Ausscheidung von Noradrenalin, bei den Torleuten hingegen eine gesteigerte Adrenalinausschüttung (nach Lischke, 1975, S. 106). Damit wird die Angst-Aggression-Beziehung bestätigt.

Im Zusammenhang mit der Biologie der Aggression wird auch immer wieder die Frage nach der genetischen Bedingtheit aggressiven Verhaltens aufgeworfen. Bullen und Hähne können z.B. speziell auf ihre Fähigkeit zu kämpfen und zu töten hin gezüchtet werden. (Scott, 1958). Beim Menschen versuchte man zeitweilig, übermäßig aggressives Verhalten in Zusammenhang mit einem überzähligen Y-Chromosom (XYY-Typ) zu bringen, das in Einzelfällen bei männlichen Kriminellen gefunden wurde (nach Zimbardo und Ruch, 1978, S. 476).

Das männliche Geschlecht bei Mensch und Tier verhält sich in der Regel aggressiver als das weibliche; damit ist auch die Beziehung zwischen Sexualhormonen und Aggressivität angesprochen. Vielfach wird in diesem Zusammenhang die Hypothese einer Abhängigkeit der Aggressivität vom Testosteron-Blutspiegel aufgestellt. Stiere werden z.B. kastriert, um ihre Aggressivität zu dämpfen. Entsprechende Versuche mit Ratten und Mäusen führten zu teils widersprüchlichen Ergebnissen. Nach klinischen Einzelbeobachtungen beim Menschen stellte Langelüddeke (1959) die Behauptung der aggressivitätsreduzierenden Wirkung der Kastration bei Kriminellen auf. Nach anderen klinischen Befunden ergab sich bei Verbrechern kein korrelativer Zusammenhang zwischen ihrem Testosteronspiegel im Blut und ihrer Aggressivität (nach Lischke, 1975, S. 114).

Die Aussagen der physiologischen Psychologie zu biologischen Aspekten aggressiven Verhaltens werden durch Versuchsergebnisse, die sich zum Teil widersprechen und durch die gravierenden Probleme eines Analogieschlusses Tier - Mensch erschwert. Das Resümee, das Lischke (1975) nach einer Durchsicht, der zur Verfügung stehenden Untersuchungsergebnisse zur Psychophysiologie der Aggression zieht, spricht überzeugend *gegen* eine voreilige Bestätigung der weitverbreiteten Meinung, es seien im Gehirn des Menschen sog. Aggressionszentren entdeckt worden und auch dagegen, daß es spezifische Substanzen im Stoffwechsel des Menschen gibt, mit denen sich Aggressivität erklären läßt.

6. Theoriemodelle der Aggression – Folgerungen für die Praxis

6.1. Triebkonzept der Psychoanalyse

Psychoanalytische Annahmen zur Aggression

Nach dem Persönlichkeitsmodell der Psychoanalyse konstituiert sich die Gesamtpersönlichkeit des Menschen aus den drei Instanzen: Es, Ich und Über-Ich, die in intensiver Wechselwirkung zueinander stehen.

Aus dem Es – als ältestem Persönlichkeitsbereich und „Kräfte-Reservoir" – entspringen demnach die elementaren Antriebe des Menschen. Es ist ein Teilbereich des Unbewußten, der nach sofortiger Bedürfnisbefriedigung strebt; eine Instanz, in der das Lustprinzip eine zentrale Rolle spielt. Zwischen dem Trieb-Anspruch des Es und der entsprechenden Handlung zur Befriedigung eines Bedürfnisses werden durch das Ich Funktionen des *bewußten* Erlebens geschaltet (Wahrnehmen, Denken, Erinnern, Kontrolle der Motorik,...). Das Ich vermittelt zwischen Es, Über-Ich und Außenwelt im Sinne realitätsgerechter Selbsterhaltung und hat damit die Aufgabe, die Bedürfnisse des Es mit der Realität in Einklang zu bringen. Das Über-Ich, ein teilweise bewußter und teilweise unbewußter Funktionsbereich im Menschen, entwickelt sich durch Übernahme (Internalisierung) von Wertnormen und Leitbildern der Bezugspersonen und der sozio-kulturellen Umwelt. Die Psychoanalyse unterscheidet demnach zwischen dem Über-Ich im engeren Sinne, das sich an den internalisierten Geboten und Verboten der Bezugspersonen orientiert (Gewissen) und den Idealvorstellungen vom eigenen Selbst (Ich-Ideal), dem Maßstab für die Selbstbewertung, der sich weitgehend an Vorbildern ausrichtet.

Freud ging davon aus, daß das menschliche Verhalten wesentlich von dem unbewußten Kräftepotential (den Trieben) des Es bestimmt wird. Er modifizierte seine Triebtheorie mehrfach, bis er um das Jahr 1920 – nach Beschäftigung mit Sadismus und Masochismus und wohl auch unter dem Eindruck der schrecklichen Zerstörungen des Ersten Weltkriegs – sein dualistisches Triebmodell konzipierte, in dem Lebenstriebe (Eros) und Todestrieb (Thanatos) als Gegenspieler auftreten.

Die Grundlage des Freudschen Triebkonzeptes bildet die Annahme, „es müsse außer dem Trieb, die lebende Substanz zu erhalten und zu immer größeren Einheiten zusammenzufassen, einen anderen, ihm gegensätzlichen geben, der diese Einheiten aufzulösen und in den uranfänglichen anorganischen Zustand zurückzuführen strebe" (Freud, 1930, S. 477). Danach steht der Todestrieb den lebenserhaltenden Trieben als zerstörendes Prinzip — zunächst mit dem Ziel der Selbstvernichtung — gegenüber. Der masochistische Drang nach Selbstzerstörung und Selbstverletzung kann im extremen Fall zum Selbstmord führen. Daß der Mensch trotz des Todestriebes leben kann, erklärt Freud zum einen damit, daß Eros und Thanatos in der Regel nicht getrennt, sondern meist in gegenseitiger „Legierung" auftreten, zum anderen lenkt der Eros — außer in Ausnahmesituationen wie z.B. dem Suizid — den Todestrieb über die Muskulatur nach außen. Der so abgelenkte Todestrieb tritt als Aggressions- oder Destruktionstrieb der Umwelt gegenüber in Erscheinung: „Das Lebewesen bewahrt sozusagen sein eigenes Leben dadurch, daß es fremdes zerstört" (Freud, 1933); der Aggressionstrieb ist „Abkömmling und Hauptvertreter des Todestriebs" (Freud, 1930).

Freud versteht unter „Trieb" die angeborene psychische Repräsentation einer körperlichen Erregungsquelle; sein Ursprung liegt demnach in körperlichen Vorgängen. Somatische Quellen für die Energie des Eros (Libido) sind die erogenen Zonen; über die Trieb*quellen* des Todes- oder Aggressionstriebes machen die Psychoanalytiker keine Angaben.

Nach der Formulierung der Todestriebhypothese ist in den Schriften Freuds eine zunehmend pessimistische Grundauffassung über die menschliche Natur festzustellen. Er spricht in seiner Abhandlung „Das Unbehagen in der Kultur" (1930, S. 479) von der „angeborenen Neigung des Menschen zum ,Bösen', zur Aggression, Destruktion und damit zur Grausamkeit" und konkretisiert seine Auffassung von der Dauerhaftigkeit des Aggressionstriebes 1933 in seinem berühmten Brief an Albert Einstein zur Frage „Warum Krieg?": „Es ist zwecklos, versuchen zu wollen, den Menschen von seinen aggressiven Neigungen zu befreien".

Die Freudsche Hypothese vom Todestrieb ist seit langer Zeit — auch unter Psychoanalytikern — heftig umstritten. Eine größere Gruppe nimmt zwar die Existenz eines eigenständigen Aggressionstriebes an, lehnt aber seine Herleitung aus einem Todestrieb ab. Es gibt auch Vertreter der psychoanalytischen Richtung (zum Beispiel K. Horney), die statt eines selbständigen, der Energie des Eros gegenübergestellten Aggressionstriebes, davon ausgehen, daß es bei der Aggression nicht um triebmäßig spontanes — also aktives — sondern um reaktives Verhalten geht. Auch bei Freud finden sich schon Ansätze einer Frustrations-Aggressions-Hypothese, wenn er andeutet, daß es so etwas wie einen inneren Zusammenhang zwischen Frustration und Aggression gibt; Frustration könnte in diesem Sinne als Auslöser des angeborenen Aggressionstriebes betrachtet werden.

Stärker als bei Freud wird die Bedeutung von Frustrationen für das Entstehen aggressiven Handelns von Alexander Mitscherlich betont. Er unterscheidet zwischen gutartiger, defensiver Aggression, die der Erhaltung des Lebens dient (sich durchsetzen können) und bösartiger, destruktiver Aggression. Die Freudsche Triebtheorie hält er so lange für einen legitimen Ansatz, „wie kein anthropologisches Konzept aufgetaucht ist, welches das mit dem Triebverhalten umschriebene Geschehen prägnanter ... aufzufassen gestattet" (Mitscherlich, 1969, S. 82).

Interessant ist in diesem Zusammenhang auch, daß Freud selbst seine Todestriebhypothese nicht unter wissenschaftlichem, sondern unter spekulativem Aspekt verstanden wissen wollte. Er spricht von der „Unsicherheit unserer Spekulationen" und weist auch auf die Möglichkeit hin, daß der „künstliche Bau von Hypothesen umgeblasen werden könnte" (Freud, 1920, S. 65).

Alfred Adler, der Begründer der Individualpsychologie und Schüler Freuds, hebt besonders die reaktive Natur der Aggressivität hervor. Für Adler ist der Mensch ein total auf Gemeinschaft hin angelegtes, also durch und durch soziales Wesen. Er versteht Aggression, in seinem insgesamt eher als lerntheoretisch zu bezeichnenden Konzept, im Gegensatz zu Freud, als Reaktion auf die Versagung der Erfüllung sozialer Bedürfnisse: „In den zeitweiligen Entbehrungen und Unlustempfindungen der ersten Kinderjahre ist der Anstoß zu suchen, der zuerst eine Anzahl allgemeiner Charakterzüge eines Angreifers entwickelt" (Adler, 1912, S. 16).

Konsequenzen aus dem Triebmodell

Nach den Auffassungen Freuds können die Aggressionsneigungen nicht beseitigt werden. Als Möglichkeiten für die Bewältigung von Aggressionen sieht er u.a. den Aufbau emotionaler Bindungen im Sinne christlicher Nächstenliebe und die Identifizierung, d.h. die meist unbewußte Gleichsetzung mit anderen Menschen, bei der Wertungen, Normen und Gefühlshaltungen übernommen werden.

Als wichtiges Mittel zur Hemmung aggressiver Tendenzen betrachtet Freud die Introjizierung, die Verinnerlichung der Aggression. Da Aggression in der menschlichen Gesellschaft nur in Grenzen ausgelebt werden kann, wird sie zum Teil „dorthin zurückgeschickt, woher sie gekommen ist, also gegen das eigene Ich gewendet. Dort wird sie von einem Anteil des Ichs übernommen, der sich als Über-Ich dem übrigen entgegenstellt, und nun als ‚Gewissen' gegen das Ich dieselbe strenge Aggressionsbereitschaft ausübt, die das Ich gern an anderen fremden Individuen befriedigt hätte" (Freud, 1930, S. 482).

Eine systematische und konsequente Unterdrückung der Bedürfnisse des Aggressionstriebes durch das Über-Ich und die gesellschaftlichen Normen kann nach psychoanalytischer Meinung zu neurotischen Störungen führen: „Zurückhaltung von Aggression ist überhaupt ungesund, wirkt krankmachend" (Freud, 1938, S. 72). Selbstaggressive Tendenzen sind demnach um so stärker, je stärker die Hemmung gegen Aggressionsabfuhr nach außen ist. Freud meint, die Aggression brauche ein Ventil zu ihrer Entladung. Eine solche Möglichkeit sieht er in der Sublimierung. Hier geht es darum, daß sozial schädliche Impulse auf konstruktive Ziele (politische Aktivitäten, Forschung, nützliche Arbeit, Schaffung von Kunstwerken, . . .) gelenkt werden.

In Zusammenhang mit den Triebmodellen der Aggression wird immer wieder auf die Katharsishypothese verwiesen. Der Begriff geht ursprünglich auf Aristoteles zurück. Man schrieb dem Erleben von Aufführungen der attischen Tragödie eine läuternde, reinigende (kathartische) Wirkung auf den Zuschauer zu und ging davon aus, der Betrachter erhalte ethische Impulse durch Identifikation mit den Personen der Handlung. Nach dieser Hypothese reduziert eine Aggression irgendeiner Art (z.B. eine sozial gebilligte) die Bereitschaft zur Ausführung weiterer Aggressionen (z.B. solcher, die sozial mißbilligt werden). Konkrete Handlungsanweisungen in dieser Richtung findet man z.B. bei Konrad Lorenz und im ursprünglichen System der Frustrations-Aggressions-Theorie — entgegen weitverbreiteter Meinung — jedoch *nicht* bei Freud.

Abwehrmechanismen der Persönlichkeit:
Verdrängung, Projektion, Identifizierung mit dem Angreifer

Nach psychoanalytischer Denkweise setzt das Ich aus Angst vor Bestrafung durch das Über-Ich Verhaltensstrategien in Form der Abwehrmechanismen ein, wenn aus dem Es verbotene Triebimpulse aufsteigen. Ein solcher Abwehrmechanismus ist die Verdrängung; das Nicht-wahr-haben-Wollen von Wünschen oder Erlebnissen. Gedanken-Inhalte, die als unerlaubt, peinlich, gefährlich oder angsterregend erlebt wurden, werden vom Bewußten ins Unbewußte abgeschoben. Das betreffende Individuum tut dann so, als habe es gar kein Problem und leugnet hartnäckig, solche Triebwünsche, die nach der Verdrängung im unbewußten Es weiter existieren, jemals verspürt zu haben. Aus Verdrängungen entstehen häufig offene oder verdeckte Aggressionen, die von den Mitmenschen nicht „verstanden" werden und deshalb die sozialen Beziehungen in besonderer Weise belasten.

Die Verdrängung intensiver, als unerlaubt oder gefährlich empfundener Aggressionsgefühle kann nach tiefenpsychologischer Sicht dazu führen, daß die Umwelt durch aggressives Handeln — das beim ersten Hinsehen oft gar nicht als solches zu erkennen ist — tyrannisiert wird. Ein Beispiel für solches „verrücktmachendes" Verhalten, das zu schweren emotionalen Störungen des Opfers führen kann, geben Bach und Goldberg (1981, S. 173 f.). Es geht dabei um die sogenannte *Zwickmühlen-Situation*: „Tust du's, ist es falsch; tust du's nicht, ist es auch falsch!" Unabhängig davon, wie das Opfer reagiert, ist sein Verhalten zum Scheitern verurteilt.

„Eine verrücktmachende Mutter dieses Typs bemerkt, daß ihr Kind, Kathy, sieben Jahre alt, ruhig dasitzt; wahrscheinlich liest oder malt. Der Dialog beginnt:

,Kathy, du siehst traurig aus. Bist du traurig?'

Kathy: ,Nein!'

Mutter (schuldbewußt): ,Komm doch einmal her zu mir und gib mir einen Kuß. Zeig Mammi, daß du sie lieb hast.'

Kathy: ,Also gut!' (geht zu ihr und gibt ihr einen Kuß)

Mutter (setzt sich auf): ,Das hast du nur getan, weil ich es gesagt habe. Du selbst wolltest es gar nicht, hab ich recht?'

Kathy: (schweigt verwirrt)

Mutter: ,Also dann mal du nur weiter – ich bin enttäuscht.'"

Als Ursache für das Verhalten der Mutter geben Bach und Goldberg an: Die Mutter „hegte in ihrem Herzen einen geheimen Groll gegen Kathy, die der Grund für eine voreilige Heirat gewesen war. . . . Dabei war . . . ihr ,Liebsein' von dem Schuldgefühl über ihren versteckten Groll gegen Kathy und nicht von einem echten Bedürfnis nach ihrer körperlichen Nähe motiviert." Verrücktmachende Kommunikation dieser Art „erscheint immer verschleiert durch ,liebevolle' Blicke oder Worte, die beim Opfer die Illusion der Gefühlsnähe hervorrufen, um es dann nur desto schuldbewußter und verwirrter zu machen, wenn die Zurückweisung erfolgt (für die es sich verantwortlich fühlt)."

Unter „Projektion" versteht man im Sprachgebrauch der Psychoanalyse einen Abwehrmechanismus der Persönlichkeit durch den angsterregende Vorstellungen und Emotionen nicht mehr als eigene erkannt werden, sondern unbewußt anderen Personen unterstellt werden; es handelt sich also um die Neigung, unerwünschte, als unerlaubt empfundene eigene Triebregungen anderen Personen zuzuschreiben. Wahrscheinlich haben auch Sie schon mit Menschen zu tun gehabt, die *überempfindlich* waren, was sie selbst betraf und *überaggressiv* anderen gegenüber. Hacker spricht in diesem Zusammenhang von „aggressiven Mimosen" und meint: „Sie sind überempfindlich, weil sie, unbewußt aggressiv, ihre eigenen Aggressionen auf den anderen übertragen, und überaggressiv, weil sie sich auf Grund ihrer nicht wahrgenommenen Projektion der Aggression von den anderen ständig attackiert fühlen" (Hacker, 1974, S. 156).

Bei der Konfrontation mit einem Aggressor geschieht es gelegentlich, daß sich das Opfer auf die Seite des Angreifers schlägt und dessen Gebote zu seinen eigenen macht. Hier geht es um den meist unbewußt ablaufenden Prozeß der Identifikation, also der Übernahme von Eigenschaften und Bedürfnissen einer Person, die von der Imitation, d.h. dem Nachahmungslernen zu unterscheiden ist. Der Angegriffene setzt den Abwehrmechanismus „Identifizierung mit dem Angreifer" – nach psychoanalytischer Auffassung = ein, um seine

Angst zu reduzieren. Bei Bruno Bettelheim (1943, 1958) findet sich die eindrucksvolle Beschreibung der Identifizierung von Lagerinsassen deutscher Konzentrationslager mit ihren nationalsozialistischen Wärtern. Die Identifikation ging soweit, daß ältere Gefangene anderen Häftlingen gegenüber die gleichen Formen verbaler und physischer Aggression (Schlagen, Foltern, Töten) praktizierten wie ihre KZ-Wärter. Zudem versuchten sie, dem Wachpersonal nicht nur im Verhalten, sondern auch im Aussehen zu gleichen und seine Werthaltungen zu übernehmen.

6.2. Instinktmodell der Verhaltensforschung

Stammesgeschichtliche Erklärung

Mit „Instinkt" im Sinne der Tierverhaltensforschung (Ethologie) bezeichnet man angeborene, artspezifische Verhaltensweisen, die bereits bei ihrem ersten Auftreten voll entfaltet sind. Dem Instinktverhalten liegt ein genetisch vorprogrammierter Mechanismus zugrunde; der Ablauf ist — besonders in der Schlußphase — relativ schematisch.

In seinem Buch „Das sogenannte Böse" verwendet Konrad Lorenz die Begriffe „Trieb" und „Instinkt" synonym. Aggression definiert er als den „auf den Artgenossen gerichteten Kampftrieb von Tier und Mensch" (1972, S. IX). Aggression ist für Lorenz „ein Instinkt wie jeder andere und unter natürlichen Bedingungen auch ebenso lebens- und arterhaltend" (1972, S. X). In diesem Zusammenhang hat der Aggressionstrieb für Lorenz im wesentlichen vier Funktionen

- Für die Nahrungssuche bestmögliche Verteilung der Lebewesen auf den vorhandenen Lebensraum;
- durch Rivalenkämpfe bedingte, optimale Selektion der jeweils stärksten Tiere für die Weiterzucht und für die Verteidigung gegen Feinde;
- Verteidigung der Brut gegen Angreifer;
- Festsetzung von Rangordnungen, die den „Frieden" in der Gruppe sichern, indem sie z.B. durch den Schutz rangniedriger Tiere weitere Aggressionen reduzieren.

Der Organismus bezieht seine aggressionsspezifische Energie nach Lorenz aus seiner ererbten biologischen Grundlage. Durch das sogenannte Appetenzverhalten wird der Organismus in Situationen gebracht, in denen der aufgeladene Aggressionstrieb befriedigt werden kann. Die Instinkthandlung wird dabei durch entsprechende Schlüsselreize, über ihr körperliches Äquivalent, die sog. angeborenen Auslösemechanismen, veranlaßt; dabei wird die bereitgestellte

Energie verbraucht. Da innerhalb des Zyklus: Produktion – Kumulation – Entladung – Produktion – ... laufend aggressionsspezifische Energie produziert wird, kommt es bei mangelnder Gelegenheit zur Abreaktion (z.B. bei fehlenden Schlüsselreizen) zu einem aktiven Appetenzverhalten des Organismus und zu Ersatzhandlungen, etwa in Form der sog. Leerlaufhandlung, bei der sich ein Trieb ohne erkennbare äußere Reize – gleichsam spontan – entlädt.

Lorenz überträgt die an gewissen Arten im Tierreich gefundenen Erkenntnisse – unter Berufung auf die mit den Tieren gemeinsame Geschichte des Menschen (Deszendenztheorie) – auf den Menschen, dem er ebenfalls einen Aggressionstrieb, sogar in hypertrophierter Form, zuschreibt. Dieser Trieb wurde demnach „in grauer Vorzeit" angezüchtet und war aus Gründen der Art- und Selbsterhaltung damals lebensnotwendig.

Nach der Lorenzschen Sichtweise kann die Entstehung von Aggression nicht verhindert werden. Artspezifische Hemmungsmechanismen halten den Aggressionstrieb im Tierreich im Zaum; beim Menschen sind diese Schutzfunktionen, bedingt durch das zunehmend engere Zusammenleben und die Entwicklung von Werkzeugen und Waffen, weitgehend verloren gegangen. In der heutigen Zivilisation hat der Mensch – nach der Auffassung von Lorenz – zu wenige Möglichkeiten zur Entladung der laufend spontan gebildeten aggressionsspezifischen Energie. Damit beginnt für ihn die Suche nach „Kanälen", die einen sozial unschädlichen Abfluß der gestauten Energie ermöglichen. Lorenz schlägt in diesem Zusammenhang zum Beispiel die aktive Teilnahme an sportlichen Wettkämpfen vor (z.B. Fußball, Boxen).

Konrad Lorenz glaubt „keineswegs, daß die großen Konstrukteure des Artenwandels (Mutation und Selektion, d. Verf.) das Problem der Menschheit dadurch lösen werden, daß sie deren intraspezifische Aggression ganz abbauen. Dies entspräche gar nicht ihren bewährten Methoden. Wenn ein Trieb beginnt, in einer bestimmten, neu auftretenden Lebenslage Schaden zu stiften, so wird er nie als Ganzes beseitigt, dies hieße auf alle seine Leistungen verzichten. Es wird vielmehr stets ein besonderer Hemmungsmechanismus geschaffen, der, an jene neue Situation angepaßt, die schädliche Auswirkung des Triebes verhindert" (Lorenz, 1972, S. 367). Lorenz setzt seine Hoffnung darauf, daß „in einer nicht allzu fernen Zukunft" die „großen Konstrukteure" einen solchen Hemmungsmechanismus schaffen werden, „der tätliche Aggression nicht nur gegen unsere persönlichen Freunde, sondern gegen alle Menschen verhindert" (1972, S. 368).

Kritische Wertung und Beobachtungen am Menschen

Die Rangordnung auf dem Hühnerhof nennt man *Hackordnung*. Stärkere Hühner hacken die schwächeren, wenn sich diese am Futternapf vordrängen. Auch im menschlichen Bereich gibt es in fast jeder Gruppe eine Rangordnung. Als „normal" gilt, was die Angehörigen der mächtigen „ingroup" für verbindlich erklären. Mit Vorliebe wird auf Abweichlern, Außenseitern und Randgruppen („outgroups") „herumgehackt". In freiwillig gebildeten Gruppen (z.B. Vereinen) kommen Außenseiter – und durch diese bedingte Konflikte – in der Regel seltener vor als in Gruppen mit vorgeschriebener Mitgliedschaft (z.B. Schulklassen).

Wohl kein Buch über Aggression hat eine so große Publizität erreicht wie „Das sogenannte Böse" des Nobelpreisträgers Konrad Lorenz. Seine Thesen, daß Aggressivität *angeboren* und aggressives Verhalten instinktiv und damit *unvermeidbar* sei, sind heftig umstritten und haben scharfe Kritiker aus verschiedenen wissenschaftlichen Lagern gefunden; auch unmittelbare Schüler von Lorenz zeigen in diesem Zusammenhang zumindest eine unübersehbare Reserviertheit seinen Auffassungen gegenüber.

Einige Argumente gegen die Instinkt-Theorie der Aggression sollen im folgenden kurz dargestellt werden.

– Nach der Auffassung von Lorenz werden durch die „Spontaneität des Instinktes" fortwährend aggressive Impulse erzeugt, die sich aufstauen, bis sie nicht mehr kontrollierbar sind und sich dann aus eigenem Antrieb entladen. Damit vergleicht Lorenz die Aggression im Grunde mit gespanntem Wasserdampf in einem Kessel, in dem der Druck laufend zunimmt. Ist eine Verminderung des Druckes nicht möglich, „weil sich kein Ventil findet" – weil also aggressives Verhalten in den entsprechenden Situationen nicht akzeptabel ist –, besteht die Gefahr, daß der Kessel entweder leck wird oder explodiert („Dampfkesseltheorie" oder „hydraulisches Modell" der Aggression). Nach dem „Dampfablassen" herrscht wieder Ruhe, bis der Dampfdruck wieder seinen Grenzwert erreicht hat.

Gegen diese Vorstellungen läßt sich einwenden, daß sich ein eigenständiger periodischer Rhythmus in der Form *Produktion – Kumulation – Entladung* von Triebenergie – eine Periodizität von Bedürftigkeit und Befriedigung, wie sie z.B. beim Nahrungs- oder Sexualtrieb vorliegt – nicht auffinden läßt (Kunz, 1946). Im Gegensatz zu den mehr biologisch bestimmten Bedürfnissen nach Nahrung und sexueller Befriedigung, lassen sich somatische Quellen eines Aggressionstriebes auf hormoneller oder gehirnphysiologischer Basis nicht nachweisen (vgl. Kapitel 5: Psychophysiologische Aspekte der Aggression).

– Nach Lorenz ist die menschliche Aggressivität bedingt durch das Fehlen angeborener Hemmungsmechanismen destruktiver als die tierische. Er meint, daß es dem Menschen, aufgrund seiner intellektuellen Fähigkeiten jedoch möglich sein müßte, das Problem der periodischen Stauung und Entladung des Aggressionstriebes dadurch zu entschärfen, daß er sich quasi an harmlosen Ersatzobjekten abreagiert. Der Vorschlag, Aggression durch Abreaktion zu bewältigen, stellt eine Form der Katharsis-Hypothese dar (vgl. Trieb-Modell der Aggression). Vertreter des lerntheoretischen Erklärungsmodells der Aggression (siehe 6.4.) haben experimentell überzeugend nachgewiesen, daß die aktive und passive Beteiligung an Aggressionsakten aggressive Neigungen bei Handelnden und Beobachtern eher verstärkt, als daß sie diese vermindert.

Durch „Dampfablassen" und „Luftmachen" mag sich in Einzelfällen die subjektive emotionale Befindlichkeit verbessern lassen; solches Verhalten hat aber keineswegs die regelmäßige Konsequenz, daß sich die Wahrscheinlichkeit des Auftretens künftiger Aggressionen erniedrigt (Berkowitz et al., 1962). Nach Dann (1971, S. 78) wirkt sich ein aggressiver Akt „. . . keineswegs allein *deshalb* aggressionsvermindernd auf den Angreifer aus, *weil* er ein Aggressionsakt ist". Eine generelle aggressionsreduzierende Wirkung eines ritualähnlichen Abreagierens der Aggressivität durch Beteiligung an sportlichen Wettkämpfen — wie es Lorenz vorschlägt — ist nach den Ergebnissen verschiedener empirischer Untersuchungen ebenfalls nicht gegeben (Berkowitz, 1962, S. 203 ff.).

– Lorenz beobachtete das Verhalten einzelner Tierarten und überträgt die dabei gefundenen Erkenntnisse unkritisch auf alle Arten, einschließlich des Menschen. Im Zusammenhang mit seiner Hypothese von der Spontaneität der Aggression verweist er z.B. auf den Schmetterlingsfisch, den Drückerfisch und den Buntbarsch. Wolfgang Wickler — ein Schüler von Konrad Lorenz und sein Amtsnachfolger am Max-Planck-Institut für Verhaltensphysiologie in Seewiesen — meint, daß es schon für das Verhalten der Tiere kaum angeht, einen umschriebenen Aggressionstrieb herauszupräparieren und stellt fest, daß nach den bisher vorliegenden Befunden die Auffassung, „Aggression sei ein echter Instinkt mit eigener endogener Erregungsproduktion und dem entsprechenden Appetenzverhalten" nicht haltbar ist (Wickler, 1971, S. 121). In diesem Zusammenhang stellt sich somit die Frage: Wie kann man aus Tierbeobachtungen auf einen solchen Trieb beim Menschen schließen und ihn phylogenetisch ableiten?

Seinen Analogieschluß auf den Menschen versucht Lorenz mit drei Beispielen aus dem menschlichen Bereich zu untermauern. Nach der Schilderung des Verhaltens des Buntbarsches, der, wenn er — bei gestauter Aggression — keinen „Prügelknaben" zur Abreaktion zur Verfügung hatte, sein Weibchen „zerfetzte", erzählt Lorenz die Geschichte von seiner Tante und ihrem Dienstmädchen: „In der guten alten Zeit, da die Donaumonarchie noch bestand und es noch Dienstmädchen gab, habe ich an meiner verwitweten Tante folgendes gesetzmäßige und voraussagbare Verhalten beobachtet. Sie hatte ein Dienstmädchen nie länger als 8 - 10 Monate. Von der neu eingestellten Hausgehilfin war sie regelmäßig aufs höchste entzückt, lobte sie in allen Tönen als eine sogenannte Perle und schwor, jetzt endlich die Richtige gefunden zu haben. Im Laufe der nächsten Monate kühlte ihr Urteil ab, sie fand erst kleine Mängel, dann Tadelnswertes und gegen das Ende der erwähnten Periode ausgesprochen hassenswerte Eigenschaften an dem armen Mädchen, das dann schließlich, regelmäßig unter ganz großem Krach, fristlos entlassen wurde. Nach dieser Entladung war die alte Dame bereit, in dem nächsten Dienstmädchen wieder einen wahren Engel zu erblicken" (Lorenz, 1972, S. 76). Daraus versucht Lorenz eine allgemeinmenschliche Gesetzmäßigkeit abzuleiten, indem er feststellt: „Ich habe an ernsten und aller nur denkbaren Selbstbeherrschung fähigen Männern, und selbstverständlich auch an mir selbst, genau die gleichen Vorgänge beobachten können − oder besser gesagt − müssen, und zwar in der Kriegsgefangenschaft" (1972, S. 76 f.).

Das zweite Beispiel bezieht sich auf „die sogenannte Polarkrankheit, auch Expeditionskoller genannt" (Lorenz, 1972, S. 76). Kleine isolierte Gruppen von Männern, in denen jeder auf jeden angewiesen ist, haben keine Möglichkeit, sich mit fremden − nicht zum Freundeskreis gehörenden − Personen aggressiv auseinanderzusetzen. Dabei komme es häufig zu gesteigerter Gereiztheit − nach Lorenz als Ausdruck eines *Aggressionsstaus* − und zu einer Erniedrigung des Schwellenwertes für Reize, die Aggression auslösen können. Zuvor nicht bemerkte Kleinigkeiten − in Form völlig unspezifischer Stimuli, die ohne Triebstau einen Organismus nicht irritieren würden („wie sich einer räuspert oder sich schneuzt") − könnten zur Katastrophe führen: „Der Un-Einsichtige ... bringt den Freund um − das ist oft geschehen!" Zur Erklärung solchen Verhaltens bedarf es allerdings keines Triebstau-Modells. Durch das entbehrungsreiche Zusammenleben auf engstem Raum können relativ leicht latente Konflikte entstehen; das destruktive Verhalten kann damit ebensogut auch die Reaktion auf umgebungs- und situationsbedingte Frustrationen sein.

Im dritten Beispiel, das Lorenz für die Existenz eines eigenständigen Aggressionstriebes beim Menschen anführt, bezieht er sich auf „Sidney Margolin, Psychiater und Psychoanalytiker in Denver, Colorado", der „sehr genaue psychoanalytische und sozialpsychologische Studien an Prärie-Indianern, besonders an den Utes angestellt (hat) und gezeigt (hat), daß diese Menschen schwer an einem Übermaß aggressiver Triebe leiden, die sie unter den geregelten Lebensbedingungen der heutigen nordamerikanischen Indianer-Reservate nicht abzureagieren vermögen" (Lorenz, 1972, S. 326). Nach Beatty (1974) und Stewart (1974) entspricht jedoch ein Großteil der Angaben, die Lorenz zu den Ute-Indianern unter Berufung auf

Margolin – macht, nach Stellungnahmen mehrerer Experten für diesen Indianerstamm, nicht den Tatsachen.

- Denker (1966, S. 112 f.) verweist im Zusammenhang mit dem Erklärungsversuch menschlicher Aggressionen durch Lorenz auf einen Zirkelschluß: Verhaltensweisen, die Lorenz bei Menschen begegneten analogisierte er auf tierisches Verhalten. Die dann durch Tierbeobachtung gefundenen Erkenntnisse benützte er wiederum zur Erklärung für aggressives Verhalten des Menschen.

- Konrad Lorenz mißt bei seinem Ansatz zur Erklärung der Aggression der Sonderstellung des Menschen, wie sie z.B. der Biologe Portmann (1964) eindrucksvoll begründet, kaum Bedeutung bei und er entzieht die Aggression, indem er sie zum *sogenannten* Bösen hochstilisiert, weitgehend der Eigenverantwortlichkeit des Menschen. Ein angeborener Aggressionstrieb, der spontan zur Entladung drängt, macht eigene und fremde Aggressionen entschuldbar.

Aggressionsrituale und angeborene Hemm-Mechanismen der Aggressionsneigung

Konrad Lorenz (1972, S. 91) beschreibt einen verhaltensphysiologischen Mechanismus, dessen Funktion es ist, das Beschädigen und Töten von Artgenossen zu verhindern: „Bei manchen Arten der sogenannten Tanzfliegen, die den Raub- oder Mordfliegen nahestehen, hat sich der ebenso hübsche wie zweckmäßige Ritus entwickelt, daß der Mann unmittelbar vor der Paarung der Dame seiner Wahl ein erbeutetes Insekt von geeigneter Größe überreicht. Während sie mit dem Verspeisen dieser Gabe beschäftigt ist, kann er sie begatten, ohne in Gefahr zu geraten, selbst von ihr aufgefressen zu werden, eine Gefahr, die offenbar bei fliegenfressenden Fliegen droht, bei denen das Männchen noch dazu kleiner als das Weibchen ist. Ohne allen Zweifel übte sie den Selektionsdruck aus, der dieses merkwürdige Verhalten herausgezüchtet hat. Doch hat sich diese Zeremonie auch bei einer Art erhalten, nämlich bei der nordischen Tanzfliege, bei der das Weibchen, abgesehen von eben diesem Hochzeitsmahl, keine Fliegen mehr frißt."

Auch im menschlichen Zusammenleben gibt es Gesten, die heute meist als Attribute der Höflichkeit betrachtet werden, die jedoch ursprünglich den Sinn hatten, freundliche, friedliche Absichten zu bekunden. Wer vor Jahrhunderten seinen Panzerhandschuh auszog und seinem Gegner die dadurch schutzlos gewordene Hand reichte, oder wer zum Gruß seinen Helm abnahm, gab ein sichtbares Zeichen seiner friedlichen Gesinnung. Andere Beispiele solcher ritualisierter Verhaltensweisen, die aggressives Verhalten der Gegenseite verhüten können, sind die Friedenspfeife der Indianer oder das freundliche

Lächeln, das man einem Mitmenschen zeigt. Sicher haben auch Sie schon die Erfahrung gemacht: Freundlichkeit erzeugt Freundlichkeit, wie Gewalt Gewalt verursacht.

Demutsgesten aus dem menschlichen Bereich sind zum Beispiel das Heben der Hände, der gesenkte Kopf, den man – wie ein altes Sprichwort sagt – nicht abschlägt oder das Hissen einer weißen Fahne. Leider ist beim Menschen als „instinktreduziertem Wesen" auf die angriffshemmenden Mechanismen weniger Verlaß als z.B. bei Wölfen und Hunden. Durch die vom Menschen entwickelten und produzierten immer komplizierteren Waffen, wird zudem die menschliche Gewalt mehr und mehr zu einer ferngesteuerten Angelegenheit, so daß die natürlichen Tötungshemmnisse und Befriedungsgesten meistens unwirksam sind.

Konrad Lorenz führt in seinem Buch „Das sogenannte Böse" Beispiele für angeborene Hemm-Mechanismen bei verschiedenen Tierarten an. Kämpfen z.B. zwei Wölfe eines Rudels miteinander, aus Sexualkonkurrenz oder um die Vorrangstellung im Rudel zu erringen, so genügt es zur Hemmung weiterer beschädigender Angriffsbewegungen, wenn der Unterlegene dem Sieger seine Kehle darbietet. „Der Wolf kehrt den Kopf vom überlegenen Gegner weg und bietet ihm so die äußerst verwundbare, vorgewölbte Seite seines Halses" (1972, S. 181). Diese „Demutshaltung" veranlaßt den siegenden Wolf sogleich im Kampf einzuhalten. Bei Hunden beobachtete Lorenz in diesem Zusammenhang wiederholt, „daß der Sieger, wenn der Besiegte plötzlich die Demutsstellung annahm und ihm den ungeschützten Hals darbot, die Bewegungsweise des Totschüttelns ‚auf Leerlauf' ausführte, nämlich dicht am Hals des moralisch Besiegten, aber mit *geschlossenem* Maul und somit ohne zuzubeißen" (1972, S. 182).

Um Aggressionsrituale handelt es sich auch bei Veranstaltungen mit aggressivem Charakter, die vor Publikum stattfinden und die von der Gesellschaft gebilligt werden. Die Rituale der Gewalt laufen nach bestimmten Regeln ab und stellen für die Zuschauer meist eine spannende Unterhaltung dar. In diese Kategorie gehören etwa die Gladiatorenkämpfe des Altertums. Ritualisierte Formen der Selbstaggression finden sich zum Beispiel in gewissen Bußprozessionen in südlichen Ländern, bei denen sich die Teilnehmer durch Schläge züchtigen (kasteien) oder sich sogar blutige Verletzungen zufügen.

Aggressionen in formalisierter Form zeigen sich auch in den Scheinschlachten der Ureinwohner Neuguineas, die alle Phasen eines „richtigen" Krieges aufweisen. Durch entsprechende Regularien soll erreicht werden, daß sich die dabei entstehenden Verletzungen in Grenzen halten. In den USA wurden vor einigen Jahren Veranstaltungen erfunden, bei denen die Teilnehmer mit Autos aufeinanderlosfahren und versuchen – bei möglichst geringem eigenen Schaden – die gegnerischen Fahrzeuge zu demolieren. Sieger ist der Fahrer, dessen Fahrzeug als einziges funktionsfähiges übrigbleibt.

Anhänger der Katharsishypothese versprechen sich von solchen organisierten Gewalttätigkeiten eine aggressionsmindernde Wirkung auf Teilnehmer und Zuschauer. Vertreter des lerntheoretischen Konzeptes der Entstehung von Aggression führen demgegenüber ihre empirisch abgesicherten Erkenntnisse an, nach denen durch die aktive Teilnahme an oder die Beobachtung von aggressiven Akten, Aggression nicht nur nicht abgebaut, sondern sogar verstärkt wird.

6.3. Frustrations-Aggressions-Modell

Hypothesen der Frustrations-Aggressions-Theorie

Grundannahmen

Dollard, Miller u.a. (1939) stellten – etwa 20 Jahre nachdem Freud sein Todestrieb-Modell konzipiert hatte – eine Hypothese auf, in der vom *reaktiven* Charakter der Aggression ausgegangen wird. Nach dieser Sichtweise ist Aggression die Folge von Frustration. Umgangssprachlich wird das Wort „Frustration" heute meist im Sinne von „Enttäuschung" oder „Verärgerung" benutzt. Dollard und seine Mitarbeiter verstanden darunter jedoch speziell eine Be- oder Verhinderung einer bereits bestehenden zielgerichteten Aktivität. Frustration in diesem Sinne bezieht sich also auf die Störung (Be- oder Verhinderung), nicht jedoch auf die Folgegefühle der frustrierten Person. In den zwei Teilen der Frustrations-Aggressions-Hypothese werden Frustration und Aggression kausal aufeinander bezogen:
– Wenn Aggressionen auftreten, sind immer Frustrationen vorausgegangen.
– Jede Frustration führt zu irgendeiner Form der Aggression.
Sehr bald zeigte es sich, daß die Hypothese in dieser allgemeinen Form nicht haltbar ist. Nicht jede Frustration muß zwangsläufig in Aggression münden und nicht jedem aggressiven Verhalten muß eine Frustration vorausgegangen sein. Gelegentlich reagiert der Frustrierte auch mit Rückzugs- oder Vermeidungsverhalten (Barker, Dembo und Lewin, 1941). Aggressives Verhalten kann u.U. auch durch andere unangenehme Umweltreize ausgelöst werden (Überforderung, ungerechte Behandlung, Auslachen, . . .). Demnach ist Frustration nur ein Sonderfall in einer Palette von aversiven Bedingungen, die Aggression auslösen können (Bandura, 1973, S. 53). Mit der großen Klasse auslösender Bedingungen befaßt sich die „Sozial-kognitive Lerntheorie", die wesentlich auf Arbeiten von Bandura zurückgeht.
Frustration ruft also beim Frustrierten die Neigung zu einer Reihe *verschiede-*

ner Reaktionen hervor, von denen *eine* die Tendenz zu irgendeiner Form von Aggression ist (Miller, 1941; Sears, 1941). Nach dieser Relativierung steht man vor dem Problem, zu bestimmen, unter welchen Bedingungen Frustrationen zu Aggressionen führen.

Zusatzannahmen

Neben den beiden grundlegenden Postulaten, formulierten Dollard und seine Koautoren noch folgende Zusatzannahmen:
- Die *Stärke* der Neigung zur Aggression hängt direkt von der Stärke der vorangegangenen Frustration ab.
  Beispiele:
  ... Einem sehr hungrigen Kind wird die Milchflasche weggenommen; daraus entsteht eine stärkere Aggressionstendenz, als wenn das Kind schon fast satt gewesen wäre.
  ... Einem starken Raucher sind die Zigaretten ausgegangen und er macht sich auf den Weg zum Zigaretten-Automaten. Dort angekommen, stellt er fest, daß der Automat nicht funktioniert. Wenn dieser Raucher nur ein kleines Stück Weg zurücklegen muß, um zum nächsten Zigaretten-Automaten zu kommen, wird seine Neigung zu aggressivem Verhalten geringer sein, als wenn das defekte Gerät die einzige Möglichkeit für ihn war, um an das begehrte Tabakerzeugnis zu kommen.
  ... Eine einmalige kleine Störung zielorientierten Verhaltens wird meist hingenommen, ohne daß es zu Aggressionen kommt. Treten jedoch viele kleine Störungen kurz hintereinander auf, so kann es zu sehr heftigen Reaktionen kommen. Zur Deutung dieses Geschehens gibt es zwei Möglichkeiten:
  Die Summation einzelner, für sich genommen jeweils „unkritischer" Anreize zur Aggression, führt nach Überschreiten einer individuellen „Schwelle" zu aggressivem Verhalten, das in seiner Intensität der Summe, der auf die Einzelfrustrationen zurückgehenden Aggressionstendenzen, entspricht.
  Miller (1941) führt als Erklärung im Gegensatz dazu an, daß einer Person nach einer Frustration eine individuelle Hierarchie möglicher Reaktionen zur Verfügung stehe. Aggressives Verhalten habe in dieser Hierarchie einen bestimmten Rangplatz. Erst wenn die in der Rangreihe *vor* der Aggression plazierten nicht-aggressiven Reaktionen die Störung nicht beseitigen könnten, würde schließlich aggressiv gehandelt.
- Je größer die Bestrafungserwartung für aggressive Handlungen ist, desto unwahrscheinlicher ist es, daß aggressives Verhalten gezeigt wird; die Er-

wartung unangenehmer Folgen kann die Aggression *hemmen*. Versuche haben zum Beispiel gezeigt, daß gegen Personen mit gleichem oder niedrigerem sozialen Status – unter sonst gleichen Bedingungen – aggressiver vorgegangen wird, als gegen Personen mit höherem sozialen Status.

– Die auf Frustration zurückgehende Aggression richtet sich am stärksten gegen die vom Frustrierten subjektiv wahrgenommene frustrierende Ursache.

Besteht eine starke Hemmung, sich gegen den Frustrierenden aggressiv zu verhalten, so kann es zu einer *Verschiebung* der Aggression auf andere Personen – oder auf Gegenstände – kommen.

Ist auch das aggressive Verhalten gegen Ersatzobjekte erheblich gehemmt, kann u.U. *selbstaggressives* Verhalten auftreten – eine Variante der Verschiebung. Selbstaggressionen sind dann besonders wahrscheinlich, wenn man auf der Suche nach Ursachen für das Nichterreichen eines Zieles, zum Beispiel bei Mißerfolg in einer Prüfung, auf eigenes Fehlverhalten – etwa in Form mangelnder Prüfungsvorbereitung – stößt.

– Die Ausführung von aggressiven Handlungen reduziert die Neigung zu weiterem aggressivem Verhalten; diese Annahme ist als „Katharsis-Hypothese" bekannt.

Ergänzungen

Frustration ist nach Dollard u.a. (1939) die Behinderung oder Verhinderung einer zielgerichteten Aktivität. In dieser Definition wird ausdrücklich die *Störung* angesprochen, nicht jedoch die Folgegefühle (Enttäuschung, Ärger, . . .).
Ergänzungen der ursprünglichen Frustrations-Aggressions-Theorie beziehen solche emotionalen Vorgänge mit ein. Berkowitz (1962) zum Beispiel ersetzt die ursprüngliche Kausalbeziehung Frustration → Aggression, durch die Sequenz Frustration → anger → Aggression. Danach kann mit aggressivem Verhalten insbesondere dann gerechnet werden, wenn als vermittelnde Variable zwischen Frustration und Aggression „anger" (Ärger/Wut/Zorn) auftritt.
Gefühlsmäßige Vorgänge, die die Wahrscheinlichkeit des Auftretens aggressiven Verhaltens als Folge von Frustrationen erhöhen oder verringern, sind Ärger und Furcht.
Auch in diesem Zusammenhang gilt das bei der Diskussion der ursprünglichen Fassung der Frustrations-Aggressions-Hypothese ausgeführte:

– Ärger *kann* – muß aber nicht – aggressive Handlungen auslösen.

– Nicht jedem aggressivem Verhalten ist Ärger vorausgegangen; auch nicht jeder aggressive Akt ist von Ärger begleitet.

Es gibt Sozialwissenschaftler, die sich mit der Erforschung der Aggression beschäftigt haben und meinen, daß auf Frustration nur dann Aggression folgt, wenn diese Aggression als Instrument für die Beseitigung der Frustration eingesetzt werden kann (Buss, 1963).

In Gesellschaften mit politischen und ökonomischen Verhältnissen, die für die Menschen *aussichtslos* sind, kommt es in aller Regel nicht zu Aufständen oder Revolutionen. Wenn für die Menschen einer Gesellschaft jedoch eine geringe — vielleicht nur illusionäre — Hoffnung auf Besserung besteht, ist die Wahrscheinlichkeit für Aufruhr, wie sich Beispielen aus der Historie entnehmen läßt, weit größer. Dies könnte etwa eine Ursache dafür sein, daß die sozialen Verhältnisse in Südafrika trotz der extremen Rassengegensätze in den sechziger Jahren dieses Jahrhunderts relativ stabil blieben, während es in den USA zu starken Krawallen zwischen Schwarzen und Weißen kam. Auf Grund der langen Unterdrückungszeit durch die Weißen hatten die Schwarzen in Südafrika keine Erinnerung mehr an bessere Verhältnisse. Zudem erstickten massive Repressalien der Weißen wohl auch jede Hoffnung der schwarzen Bevölkerung auf Besserung der Situation.

Geringe Erhöhungen des Lebensstandards in armen Gesellschaften wecken bei den betroffenen Menschen Erwartungen auf weitere Verbesserungen der sozio-ökonomischen Lebensbedingungen. Kommt es in der Folgezeit zur Stagnation oder gar zu Verschlechterungen, können nach einer Theorie von Davies (1962), die auf der Frustrations-Aggressions-Hypothese aufbaut, dadurch bedingte Frustrationen u.U. zu Revolutionen führen. Davies interpretiert in diesem Sinne zum Beispiel den Ausbruch der französischen und russischen Revolution, die Entstehung des amerikanischen Bürgerkrieges und die Machtergreifung durch die Nationalsozialisten.

Bewertung der Frustrations-Aggressions-Theorie

Das Frustrations-Aggressions-Modell erfreut sich als einfaches theoretisches Konzept in der Öffentlichkeit großer Popularität; ihre wissenschaftliche Bewertung ist sehr unterschiedlich. Zwei Extrempositionen seien kurz angeführt: Buss (1963) etwa ist der Ansicht, nach einer Frustration komme es nur dann zu Aggressionen, wenn das in Frage kommende aggressive Verhalten unmittelbar in der Lage ist, die erlebte Zielblockade zu lockern bzw. zu beseitigen. Damit wird die Allgemeingültigkeit der Frustrations-Aggressions-Theorie abgelehnt. Die Gegenposition wird zum Beispiel von Kuiper (1968) vertreten, der Frustration als aggressionsspezifischen Auslösemechanismus betrachtet.

Zusammenfassend kann zum bisherigen Forschungsstand festgestellt werden:
- Das Auftreten von aggressiven Handlungen setzt *nicht* immer die Existenz von Frustrationen voraus.

- Nach Frustrationen können verschiedene Verhaltensweisen gezeigt werden, eine davon ist Aggression.

Die Wahrscheinlichkeit des Auftretens von aggressivem Verhalten nach Frustrationen nimmt zu (nach Nolting, 1978, S. 45 f.)

...wenn die frustrierende Situation beim Betroffenen Ärger, Zorn oder Wut auslöst,

...wenn entsprechende aggressive Verhaltensweisen bereits zum Verhaltensrepertoire des Frustrierten zählen,

...wenn durch die frustrierende Situation – neben aggressivierenden Tendenzen – nicht gleichzeitig Hemm-Mechanismen ausgelöst werden (Verhaltensgewohnheiten wie Beherrschen, Überspielen, Beschwichtigen des Ärgers),

...wenn die frustrierende Situation aggressive Hinweisreize enthält oder von Beteiligten aggressives Modellverhalten gezeigt wird.

Aggressivierende Signalwirkung in frustrationsbetonten Situationen kann zum Beispiel ausgehen von aggressiven Witzen oder vom Vorhandensein von Waffen. Während dem Tier nur seine Zähne und Klauen – also seine natürlichen Waffen – zur Verfügung stehen, kann der Mensch neben seiner „spitzen Zunge" und seiner geballten Faust entsprechende „Werkzeuge" (Knüppel, Wurfgeschoße, Messer, Schußwaffen, . . .) einsetzen. Daß auch Autos besonders bevorzugte Instrumente für aggressive Handlungen sind, erlebt man fast täglich im Straßenverkehr.

Waffen erhöhen die Gefahr schwerer Zerstörungen und vergrößern durch Reduzierung emotionaler Hemmungen die psychologische Distanz zwischen Angreifer und Angegriffenem. Der im Vergleich zu anderen Ländern außerordentlich hohe Prozentsatz von Gewaltverbrechen in den USA wird u.a. darauf zurückgeführt, daß Schußwaffen in den Vereinigten Staaten besonders leicht zugänglich sind. Berkowitz/Le Page (1967) bestätigten durch entsprechende Experimente, daß Menschen durch die bloße Gegenwart einer Schußwaffe in aggressive Erregung versetzt werden können, weil sie diese Waffe als Aggressionsobjekt werten.

In Einzelfällen mag die Frustrations-Aggressions-Theorie als Erklärungsmodell für die Entstehung von Aggression genügen. Sie liefert jedoch keine ausreichenden Antworten auf die Fragen:

- Warum werden gleiche Ereignisse oder Sachverhalte in manchen Situationen als „zielverstellend", d.h. frustrierend erlebt, in anderen hingegen nicht?
- Warum können ähnliche emotionale Befindlichkeiten (Ärger, Wut) zu völlig unterschiedlichen Handlungsformen führen (z.B. gewalttätiges Verhalten gegen Individuen oder Gruppen oder Verharrung in Passivität)?

Unbeantwortet bleibt vor allem die Frage, welche psychischen und situativen Konstellationen mit hoher Wahrscheinlichkeit – bei vorausgegangener Frustration – aggressives Verhalten erwarten lassen.

Abb. 2: Der Mechanismus der Aggressionsverschiebung
(Quelle: Marcks, M: Krümm dich beizeiten!, Quelle & Meyer Verlag,
Heidelberg · Wiesbaden 1980)

Bereits Freud (1930) war davon ausgegangen, daß die in einer von ihm postulierten somatischen Quelle erzeugte aggressive Triebenergie, die nach Abfuhr
drängt, von einem Objekt auf ein anderes verschoben werden kann. Er meinte
allerdings, die erotischen Triebe seien diesbezüglich ablenkbarer und verschiebbarer als die destruktiven Triebe.
Nach der dritten Zusatzannahme zur Frustrations-Aggressions-Hypothese,
kann Aggression verschoben werden (vgl. Abb. 2), wenn eine starke Hemmung besteht, den Frustrierenden anzugreifen. Man sucht sich danach entweder ein anderes mehr oder weniger neutrales Objekt für den Angriff, oder
man greift den Frustrator in einer weniger direkten und gefährlichen Form
an, indem man z. B. über einen Menschen, vor dem man sich fürchtet, Witze
erzählt, statt ihn physisch zu attackieren.
Im Alten Testament wurde ein Schafbock mit den Sünden des Volkes „beladen" und am Versöhnungstag in die Wüste getrieben. Ein Sündenbock im
übertragenen Sinne ist also jemand, dem alle Schuld zugeschoben wird. Wenn
es z.B. innerhalb einer Gruppe zu großen Spannungen führen würde, den tatsächlich Schuldigen an einer Schwierigkeit oder an einem Versäumnis zu suchen und ihn zur Rechenschaft zu ziehen oder wenn es nicht möglich ist, eine
außerhalb der Gruppe stehende Person für das Problem verantwortlich zu
machen, wird Aggression häufig gegen Schwächere umorientiert. Im alten
Rom waren es die Christen, die an allem schuld waren (Überschwemmungen,
Erdbeben, Seuchen, Hungersnöte, …) und deshalb den Löwen vorgeworfen wurden, im Dritten Reich wurde den Juden die gesamte Schuld an den
Problemen Deutschlands aufgebürdet. Selg (1978, S. 28) meint in diesem Zu-

sammenhang allerdings, daß die uralten Vorurteile gegen die Juden durch Lernen am Modell übernommen wurden und gibt hier den Gesetzen des Lernens den Vorzug vor dem „geheimnisvollen Mechanismus der Verschiebung": „Da seit 1945 der jungen Generation in Deutschland keine Aggressionen gegen Juden mehr vorgemacht werden, ist der deutsche Antisemitismus unbedeutend geworden."

Hacker (1973, S. 66) plädiert für die Notwendigkeit der Sündenböcke als Entladungsobjekte für Aggression: „Gäbe es keine Verbrecher und Verrückten (es gibt sie), man müßte sie als legitime Aggressionsobjekte zur kollektiven Triebabfuhr erfinden. Als Sündenböcke und Prügelknaben der Gesellschaft erfüllen sie die wichtige soziale Funktion, aggressive Strebungen abzuführen, die unterdrückt und verdrängt werden müßten, wenn sie sich nicht im Aggressionsventil der Strafe und des Zwanges entladen könnten."

Lernziel: Erhöhung des Frustrations-Toleranz-Niveaus

Menschen unterscheiden sich voneinander zum Teil erheblich bezüglich ihrer Fähigkeit, Frustrationen zu tolerieren. Das Niveau der Frustrationstoleranz wird stark vom Verhalten der Eltern während der ersten Lebensjahre beeinflußt. Entscheidend ist in dieser Zeit, daß Kinder, die beim ersten Anlauf ein Problem nicht bewältigen konnten, zum Weitermachen ermuntert werden. In einem Experiment von Keister und Updegraff (1937, zitiert nach Mietzel, 1975, S. 338) mit Vorschulkindern zeigte es sich, daß Versuchspersonen mit einer geringen Frustrationstoleranz, durch Ermunterungen in Leistungssituationen Ausdauer zu zeigen, durch den Einsatz von Verstärkern bei kleinen Fortschritten und durch die sich einstellenden Erfolgserlebnisse, dazu gebracht werden konnten, bei Schwierigkeiten nicht zu resignieren, sondern die eigenen Anstrengungen zu verstärken.

Das Frustrations-Toleranz-Niveau wird sicher auch vom Verhalten von Vorbildern in vereitelnden Situationen beeinflußt. Wenn unangemessenes Verhalten der Modellpersonen (Schimpfen, Schreien, lähmende Hilflosigkeit, . . .) in solchen Situationen beobachtet wird, besteht die Gefahr, daß diese Verhaltensmuster via Nachahmungslernen übernommen werden.

Ärger-aggressives Handeln wird durch entsprechende Reize ausgelöst — ist also reaktives Verhalten. Im Gegensatz dazu wird instrumentell-aggressives Verhalten von den zu erwartenden Konsequenzen (Verstärkern) bestimmt. Die affektive Komponente in Form starker Erregung verhindert in ärger-aggressiven Situationen häufig angemessenes Verhalten der Betroffenen.

Die Störreize, die in der Lage sind, heftige Emotionen auszulösen, sind individuell verschieden. Zunächst geht es darum, daß Sie herausfinden, welche frustrierenden oder sonstwie störenden Reize bei *Ihnen* als Signale für aggressives

Handeln wirken. Notieren Sie sich diese Stimuli und ordnen Sie die Reize nach der Stärke der Frustration bzw. des Ärgers, die sie bei Ihnen auszulösen imstande sind; Sie erstellen damit Ihre persönliche Hierarchie (Rangfolge) ärger- und frustrationsauslösender Reize. Das Training zur Vorbeugung gegen ärger-aggressives, unangemessenes Verhalten durch Erhöhung Ihres Frustrations-Toleranz-Niveaus läuft dann folgendermaßen ab:

- Sie versetzen sich in den Zustand der Entspannung (vgl. 16.); dieser „positiv getönte" Zustand ist mit Ärger nicht vereinbar.
- Sie konfrontieren sich in der Vorstellung mit dem schwächsten Reiz Ihrer Hierarchie; es kommt zu einem „Duell" zwischen Reiz und Entspannung. Wenn die Entspannung dabei nicht durchbrochen wird, haben Sie diesen Frustrationsreiz bewältigt. Sie werden sehen, daß Sie jetzt auch in der Realität leichter damit fertig werden.
- Durch die Bewältigung des schwächsten Reizes „rutschen" alle anderen Reize Ihrer „Stufenleiter" um eine „Sprosse" nach unten. Der ursprünglich zweitschwächste Reiz wird nun zum schwächsten, dem Sie sich nun in der gleichen Form wie oben zuwenden können.
- Mit den anderen Ärger auslösenden Stimuli Ihrer Hierarchie verfahren Sie ebenso.

Folgerungen aus der Frustrations-Aggressions-Theorie

- Vermeidung unnötiger Frustrationen.
- Frustrierende Umweltbedingungen werden leichter bewältigt durch emotionale Wärme und durch den Einsatz individueller Verstärker.
- Entwicklung einer angemessenen Frustrations*toleranz*.
- Unangenehme Umweltreize führen zu einem Zustand emotionaler Erregung: Entspannen Sie sich . . .
- Vermeiden Sie es, Ihre Aggressionen auf andere Menschen zu verschieben und nach „Sündenböcken" zu suchen.
  Beispiel: Ein durch seinen Betriebsleiter frustrierter Meister läßt seinen Zorn am Gesellen aus, der dann den Auszubildenden anschreit, der zuguterletzt sein Werkzeug „in die Ecke wirft".
- Untersuchungen, die von Pastore (1952), Rothaus/Worchel (1960) u.a. mittels Fragebogen durchgeführt wurden, zeigten, daß nicht gerechtfertigt erscheinende Frustrationen – im Extremfall handelte es sich um reine Willkürakte des Frustrators – die Wahrscheinlichkeit des Auftretens reaktiven aggressiven Verhaltens erhöhen und stärkere Aggressionen auslösen als Frustrationen, die der davon Betroffene als begründet und gerechtfertigt ansieht. Daraus muß der Schluß gezogen werden, daß Frustrationen, die sich – oft aus Gründen, die nicht in der Macht des Frustrators

liegen – nicht vermeiden lassen, wo immer und soweit dies möglich ist, begründet und gerechtfertigt werden sollten.

– Je unerwarteter jemand mit einer Frustration konfrontiert wird, je stärker ist die aggressionsinduzierende Wirkung (Kregarman/Worchel, 1961).

Durch Umgehung des Hindernisses oder Substitution des Zieles kann eine voraussehbare Zielblockierung eventuell vermieden werden.

6.4. Lerntheoretische Konzepte

Aggressives Verhalten kann – wie jedes andere Verhalten – gelernt werden. Während sich „Lernen" in seiner alltagssprachlichen Bedeutung im wesentlichen auf Vorgänge bezieht, durch die man sich absichtlich Fähigkeiten (z.B. das Skifahren) oder Kenntnisse (z.B. geschichtliche Daten) aneignet, umfaßt der Begriff, nach der in der Psychologie allgemein akzeptierten faktischen Lerndefinition, jede überdauernde – also nicht nur einmal gezeigte – *Verhaltensänderung*, die durch Übung oder Beobachtung entstanden ist. Die Lern-*prozesse* selbst sind dabei – wie Sie aus eigener Erfahrung wissen – nicht beobachtbar.

Im Zusammenhang mit dem Aufbau von aggressivem Verhalten über Lernvorgänge ist an folgende lerntheoretische Konzeptionen zu denken:

– Klassisches Konditionieren;
– Lernen am Modell, gelegentlich auch Imitationslernen, Nachahmungslernen oder Lernen durch Beobachtung genannt.
– Operantes Konditionieren, auch als instrumentelles Konditionieren, Lernen durch Verstärkung oder Lernen am Erfolg bezeichnet;

Klassisches Konditionieren

Dieses Modell geht wesentlich auf Arbeiten von Pawlow und Watson zurück. Es handelt sich um eine Form des Lernens, die auf dem Prinzip der Assoziation (Verknüpfung) beruht.

Mit einer speziellen Apparatur wurde von Pawlow die Speichelabsonderung von Hunden bei der Nahrungsaufnahme gemessen. Kurz vor dem Einblasen von Fleischpulver in das Maul des Versuchstieres ertönte eine Glocke. Der Glockenton allein bewirkte zunächst keine Speichelabsonderung. Nach etwa 20 Wiederholungen der Kopplung zwischen Glockenton und Futter, wurde die Speichelsekretion bereits vom Glockenton allein ausgelöst, d.h. ohne daß dem Hund das Fleischpulver verabreicht oder gezeigt wurde. Der ursprünglich neutrale Reiz (Glockenton) wurde also bei diesem Experiment mit einem Auslösereiz (Futter) so lange gekoppelt, bis die Auslösung der Speichelsekretion durch den Zusatzreiz allein erfolgte. In der Sprache der Psychologie: Der unbedingte (unkonditionierte) Reiz „Nahrung" löst reflexhaft die unbedingte (unkonditionierte) Reaktion „Speichelfluß" aus. Nach dem Lernvorgang, d.h. nach den wiederholten Kopplungen, konnte diese Reaktion auch durch den jetzt bedingten (konditionierten) Stimulus „Glockenton" verursacht werden.

Die klassische Konditionierung spielt eine große Rolle beim Erlernen vegetativer und *emotionaler* Reaktionen. Deshalb muß davon ausgegangen werden, daß diese Lerntheorie auch im Zusammenhang mit der Entstehung von aggressiven Gefühlen von Bedeutung ist. Ein Beispiel für diese Art des Lernens „. . . ist ein Kind, das sofort in Wut gerät, sobald ein großer ‚bulliger' Junge es anspricht. Die emotionale Erregung kommt deshalb zustande, weil es in der Vergangenheit einmal von diesem oder einem ähnlich aussehenden Jungen angesprochen und gedemütigt wurde, was damals in ihm einen ohnmächtigen Zorn auslöste. Von diesem Augenblick an genügte das bloße Ansprechen, um die Wut in ihm aufkommen zu lassen" (Havers, 1981, S. 169).

Ein kleines Kind reagiert emotional aggressiv, weil es zum Beispiel von einer bestimmten Pflegeperson *wiederholt* frustriert oder sonstwie geärgert wurde. Bestimmte äußere Merkmale dieser Pflegeperson (Haartracht, Nasenform, Kleidung, . . .) können, wenn sie bei *anderen* Personen, mit denen das Kind später in Kontakt kommt, auftreten, Auslöser für aggressive Gefühle des Kindes dieser anderen Person gegenüber werden. Die äußeren Merkmale der Pflegeperson waren für das Kind ursprünglich neutrale Reize, die dann durch Signallernen zu konditionierten Stimuli − hier zu Ärgerauslösern − wurden; die aggressiven Emotionen wurden also von vorangegangenen Reizen hervorgerufen.

Berkowitz/Knurek (1969) führten einen − als Gedächtnisexperiment getarnten − Versuch zur Konditionierung höherer Ordnung durch, bei dem bestimmte Vornamen als zunächst neutrale Reize verwendet wurden. Die Probanden mußten sich diese Vornamen zusammen mit emotional-negativ besetzten Eigenschaftswörtern, mit denen sie im Experiment zu Wortpaaren verbunden worden waren, einprägen. Diese Vornamen bekamen dadurch für die Versuchspersonen Signalcharakter für die Auslösung ärgerähnlicher Gefühle. In einer späteren Diskussion zeigte es sich nämlich, daß die Probanden Diskussionsteilnehmer mit diesen Vornamen unfreundlicher behandelten als solche mit Vornamen, die nicht mit negativ wertenden Adjektiven gekoppelt worden waren.

Da, im Gegensatz zu den beiden anderen genannten lerntheoretischen Konzepten, für das Modell des klassischen Konditionierens im Zusammenhang mit dem Erlernen aggressiven Verhaltens − mit Ausnahme der Ergebnisse des Versuches von Berkowitz/Knurek und einiger Hypnose-Experimente −

keine empirisch gesicherten Belege vorliegen, wollen wir uns im folgenden etwas ausführlicher den Konzeptionen des „Lernens durch Nachahmung" und des „Lernens am Erfolg" zuwenden.

Nachahmungslernen

Wären Gewalttätigkeit und Friedfertigkeit rein genetisch bedingt, müßten ihre Erscheinungsbilder auf der ganzen Erde mehr oder weniger einheitlich sein; sie sind jedoch von Kultur zu Kultur sehr verschieden.

Die Yanomamö-Indianer zum Beispiel, die im Süden Venezuelas leben, schätzen „waiteri" (Grausamkeit) von allen Werten am meisten. Die ganze Erziehung ist – wie wir aus Schilderungen des Anthropologen Napoleon Chagnon (1968) wissen – auf Grausamkeit hin angelegt. Das höchste Ansehen genießen erfolgreiche Krieger. Ist ein neugeborenes Kind ein Mädchen und damit als Krieger nicht geeignet, so ist es ins Ermessen der Mutter gestellt, das Kind zu töten. Die Eltern ermutigen ihre Kinder, sich besonders aggressiv zu verhalten. Insbesondere die Väter geben ihren Kindern laufend Beispiele von Gewalttätigkeit und Brutalität. Für die Erwachsenen gehören Aggression und Gewalt im zwischenmenschlichen Verhalten zum täglichen Leben.

Einige tausend Kilometer weiter nördlich ist die Heimat der Hopi-Indianer. Ihr Verhalten ist von dem der Yanomamö-Indianer total verschieden. Hopi-Indianer lernen Gewaltlosigkeit von Kindheit an. Ihre Kinder werden freundlich behandelt – nach unseren Begriffen eher verhätschelt. Auch erwachsene Mitglieder der Gemeinschaft verhalten sich untereinander in aller Regel nicht physisch aggressiv. Sie verteidigen ihre Siedlungen jedoch mutig gegen die Angriffe der Mitglieder anderer Stämme.

Volksstämme, deren Verhalten so unterschiedlich ist wie das der Yanomamö und das der Hopi, lassen sich in vielen Kulturen finden. Derart auffällige Unterschiede stützen die Ansicht, daß gewalttätiges Verhalten letztlich durch Übernahme vorgelebter Verhaltensmuster – also via Beobachtungs- oder Nachahmungslernen – gelernt wird.

Die Entwicklung bestimmter Verhaltensmuster wird jedoch auch durch Verstärkungslernen – d.h. durch ein System von Belohnungen und Bestrafungen – beeinflußt. Nachahmung und operante Konditionierung (Verstärkungslernen) sind demnach die Mechanismen, die das Lernen von Aggression wesentlich bestimmen.

Mit welchem ‚Erfolg' Kinder via Nachahmung lernen, haben vor allem die Experimente gezeigt, die der Psychologe Albert Bandura und seine Mitarbeiter durchführten.

Kindergartenkinder beobachteten zehn Minuten lang die aggressiven Verhaltensweisen eines Erwachsenen, der sich gewalttätig gegenüber „Bobo dem

Clown" – einer großen aufblasbaren Puppe – verhielt. Der Erwachsene attackierte die Puppe, indem er ihr – begleitet von aggressiven verbalen Äußerungen wie: „Schlagt sie nieder!" – mit einem Holzhammer auf den Kopf schlug, sie in die Luft warf und sich schließlich auf die Puppe setzte.

Die Kinder wurden anschließend in einen Raum gebracht, in dem sich eine Bobo-Puppe und anderes Spielzeug befanden. Die Kinder ahmten das Aggressionsvorbild nach – *ohne*, daß dazu irgendwelche zusätzlichen Verstärker erforderlich gewesen wären (Bandura/Ross/Ross, 1963a). In diesem Zusammenhang stellt sich allerdings die berechtigte Frage, inwieweit das Verprügeln der Puppe Bobo auf die im wirklichen Leben gegen Menschen gerichteten Aggressionen übertragbar ist.

Hicks (1965) zeigte Kindergartenkindern einen kurzen Film, in dem eine Person aggressive Handlungen durchführte. Nach dieser Darbietung und einer schwachen Frustrierung verhielten sich die Kinder aggressiver als die Kinder einer Kontrollgruppe, die auch leicht frustriert worden waren, jedoch den Film nicht gesehen hatten. Hicks stellte fest, daß sich die Kinder ein halbes Jahr nach der Beobachtung des Films noch an zahlreiche Aggressionsakte der Person im Film erinnerten.

Jugendliche und Erwachsene sahen in einem anderen Experiment gewalttätiges Verhalten in Form einer Messerstecherei. Im Vergleich zu einer Kontrollgruppe, die in einem anderen Film eine Person mit konstruktiven Aktivitäten beobachtet hatte, verhielten sich die Zuschauer der Gewaltszene anderen Personen gegenüber wesentlich aggressiver und schmerzzufügender (Walters/Thomas, 1963).

Anderson und Brewer (1946) fanden für den Bereich Schule, daß sich in Klassen mit aggressiven Lehrern relativ viele aggressive Schüler feststellen ließen.

Indizien für die Langzeitwirkung der Beobachtung von Gewaltdarstellungen liefern die Ergebnisse einer Längsschnittuntersuchung, die der Psychologe Leonard Eron mit 875 Kindern, die in einer ländlichen Gegend des Staates New York beheimatet waren, durchführte. Er beschäftigte sich zum ersten Mal mit den Kindern als diese etwa acht Jahre alt waren. Jedem Kind wurde eine Reihe von Fragen vorgelegt, um herauszufinden, wie die Kinder über sich selbst und über ihre Klassenkameraden dachten. Dabei stellte sich heraus, daß Kinder, die Fernsehprogramme mit Gewaltdarstellungen bevorzugten, von ihren Kameraden bezüglich ihres Verhaltens in der Schule auch als ausgesprochen aggressiv eingestuft wurden.

Etwa zehn Jahre später befragten Eron und seine Mitarbeiter ungefähr die Hälfte der Versuchsgruppe noch einmal über ihre Fernsehgewohnheiten und ließ sie wieder von ihren Kameraden in ihrem aggressiven Verhalten einschätzen. Dabei ergab sich eine noch höhere Korrelation zwischen der Bevorzugung aggressiver Fernsehprogramme und aggressivem Verhalten.

Als Gradmesser für aggressives Verhalten verwendete Eron die „Aggressionseinschätzung" in den Augen der Klassenkameraden. Auf Grund einer statistisch fundierten Analyse der Untersuchungsergebnisse schloß Eron, daß die Beobachtung von Gewaltdarstellungen im Fernsehen in frühen Jahren einen verursachenden Einfluß auf späteres aggressives Verhalten hat. „Aggressionseinschätzung" als Indikator für aggressives Verhalten hängt nach Meinung der Autoren mehr von den im Fernsehen erlebten Gewaltakten ab, als von anderen Faktoren wie zum Beispiel Schulleistung, sozialer Status oder geringe Intelligenz (Eron/Huesmann/Lefkowitz/Walder, 1972).

Wie die Erfahrung lehrt, neigen Menschen jeden Alters zur Nachahmung; es handelt sich offensichtlich um einen lebenslangen Prozeß.

Beim Modell-Lernen lassen sich zwei Phasen unterscheiden:

- Phase des Erwerbs
  Auf dieser Stufe wird das Verhalten des Modells beobachtet und die Informationen werden gespeichert; dazu sind weder sofortiges Nachahmen noch Verstärkung des Beobachters und/oder des Modells erforderlich.
- Phase der Ausführung (Leistung)
  Bei der Umsetzung des gelernten Verhaltens in die Praxis spielt die Verstärkung eine große Rolle. Stellvertretend verstärkend wirken die Konsequenzen des Modellverhaltens und gewisse Merkmale des Verhaltens (z.B. aggressives Verhalten).

Während beim Konditionieren nur jeweils eine kleine Verhaltenseinheit erlernt wird, kann via Modell-Lernen durch bloße Beobachtung von Personen ein komplexes Verhaltensrepertoire übernommen werden; der umständliche und aufwendige Weg des Lernens durch Versuch und Irrtum wird dadurch umgangen.

Beispiele:

... Kinder ahmen bestimmte Angewohnheiten ihrer Eltern – zum Beispiel Ticks u.ä. – nach.

... Ein Jugendlicher in einer Lehrwerkstatt, der in der Gruppe anerkannt ist und bewundert wird, schneidet Grimassen und bringt dadurch die anderen Jugendlichen zum Lachen. Das Modell wird damit für sein Verhalten belohnt und die Wahrscheinlichkeit, daß durch diese stellvertretende Verstärkung sein Verhalten von den anderen Jugendlichen imitiert wird, erhöht sich.

Das Ehepaar Tausch (1979) hat die wesentlichen Faktoren zusammengestellt, die das Beobachtungslernen beeinflussen:

„ – Die wahrgenommene Person (Wahrnehmungsmodell) ist der eigenen Person sowie Personen der Umwelt des Wahrnehmenden ähnlich.
- Das Wahrnehmungsmodell hat ein freundliches, zugewandtes Beziehungsverhältnis zur wahrnehmenden Person.

- Das Wahrnehmungsmodell erhält für sein Verhalten positive Bestätigungen.
- Das Wahrnehmungsmodell hat hohe Kompetenz und soziales Prestige.
- Der Wahrnehmende kann das wahrgenommene Verhalten in seiner Umgebung leben und ausprobieren.
- Der Wahrnehmende erhält bei Ausführung des gelernten Verhaltens positive Bestätigungen aus der Umwelt.
- Der Wahrnehmende hat entsprechende Vorerfahrungen, Einstellungen, Wünsche und Interessen.
- Gleichzeitige sprachliche Beschreibung des wahrgenommenen Verhaltens durch den Wahrnehmenden.
- Geringe Wahrnehmung gegensätzlicher Verhaltensmodelle."

Operantes Konditionieren

Belohnungen und Bestrafungen wirken verstärkend auf die nach Beobachtung von Gewalt erfolgende Nachahmung.

Bandura und seine Mitarbeiter zeigten Kindern im Vorschulalter Filme, in denen aggressive Verhaltensweisen eines Modells unterschiedliche Konsequenzen hatten.

Rocky, der Bösewicht, versuchte in einem solchen Film, das Spielzeug zu bekommen mit dem Johnny — ein anderes Kind — spielte. Rocky bewarf Johnny mit einem Ball und beschoß sein Spielzeug mit einem Pfeil. Johnny versuchte sich gegen die Aggressionen seines Kumpanen zu wehren, unterlag aber und wurde von Rocky verprügelt. Rocky — das Aggressionsmodell — hatte mit seinem Verhalten Erfolg und spielte in der Schlußszene des Films glücklich mit dem Spielzeug.

Einer zweiten Gruppe von Kindern wurde ein Film mit denselben Darstellern vorgeführt. Rocky zeigte die gleichen aggressiven Handlungen, kam aber mit seinem gewalttätigen Verhalten nicht durch, sondern wurde von Johnny kräftig verprügelt; Rockys Aggressionen wurden also im Film bestraft.

Einer Kontrollgruppe zeigte man einen dritten Film. In dieser Inszenierung kam es jedoch zu *keinen* aggressiven Handlungen zwischen den Hauptdarstellern Rocky und Johnny.

In den anschließenden Phasen der Beobachtung des Zuschauerverhaltens registrierten Bandura und seine Mitarbeiter die aggressiven Handlungen der Kinder, die die verschiedenen Filme gesehen hatten, während diese mit Spielsachen spielten, die ihnen bereits aus dem Film bekannt waren. Es zeigte sich, daß die Kinder, die gesehen hatten, daß der Angreifer belohnt worden war, wesentlich aggressiver spielten und aggressive Verhaltensweisen aus den Filmen stärker imitierten als die Kinder der beiden anderen Gruppen. Als man die Kinder nach Beendigung der Spielphase befragte, warum sie sich so aggressiv verhalten hatten, bekam man überraschende Antworten: Die Kinder klassifizierten Rockys Verhalten als „gemein" und „böse". Obwohl sie also wußten, daß sein Verhalten von der Gesellschaft nicht gebilligt wurde, handelten sie genauso wie Rocky. Ein Kind begründete das folgendermaßen: „Er bekam das ganze schöne Spielzeug" (Bandura/Ross/Ross, 1963b).

Die Kinder ahmten also ein Modell deshalb nach, weil das Vorbild für sein Verhalten belohnt worden war; man spricht in diesem Zusammenhang vom Konzept der „stellvertretenden Verstärkung".

Eine Zusammenfassung verschiedener Aggressionsmodelle finden Sie in Tab. 1.

Autor/Konzept	Ursache	Ansätze zur Problemlösung
Freud Psychoanalyse	– angeboren – nach außen abgelenkter Todestrieb	– Hemmung – Verschiebung – Sublimierung – Identifizierung mit dem Angreifer
Lorenz Vergleichende Verhaltensforschung (Ethologie)	– genetisch – Instinkt	– angeborene Hemm-Mechanismen – Rituale zur Abreaktion – Katharsis
Dollard, Miller u.a. Frustrations-Aggressions-Hypothesen	– Frustration	– Vermeidung von Frustrationen – Erhöhung des Frustrations-Toleranz-Niveaus – Katharsis – Verschiebung
Bandura, Walters, Brown u.a. Lerntheorien	– Imitation – Lernen am Erfolg	– Vermeidung aggressiver Vorbilder – Aggressives Verhalten darf nicht zum Erfolg führen
Marcuse u.a. basierend auf Psychoanalyse, verwandt mit Frustrations-Aggressions-Theorie	– Repression (Unterdrückung) von Triebwünschen	– Emanzipation

Tab. 1: Aggressionsmodelle

7. Angst und Aggression

Konrad Lorenz weist in einem Gespräch mit Friedrich Hacker (1974, S. 134) auf einen Zusammenhang zwischen Aggression und Angst hin: „Bei vielen Tieren wird die intensivste überhaupt mögliche Aggression ausgelöst, wenn sie sich in die Ecke getrieben fühlen. ... Angst schlägt plötzlich in Angriff um ..." Für Hacker (1974, S. 156) kann „Angst ... sowohl Motiv und Anreiz als auch Hemmung und Ersatz für Aggression werden." Nach Rolf Denker ist „jede Aggression ... eine Geburt aus Angst" und er nimmt Angst als aggressionseinleitendes Zwischenglied zwischen Frustration und Aggression, also als intervenierende Variable zwischen Reiz und Reaktion an (Denker, 1974, S. 57 f.).

Auch aus der Alltagserfahrung läßt sich ein Zusammenhang zwischen Aggression und Angst in mehrfacher Hinsicht bestätigen. Vor den aggressiven Handlungen anderer Menschen kann man Angst bekommen, und jemand, dem die Fluchtwege abgeschnitten sind, hat Angst und wird u.U. aggressiv reagieren. Aggression kann auch die Antwort auf eine eingebildete Bedrohung sein und kann so gleichsam eine präventive Funktion haben. Vielleicht kennen auch Sie die Situation eines Neulings in einem Betrieb, gegen den bereits etablierte Mitarbeiter, die durch ihn ihre eigene Karriere gefährdet sehen – oft in verdeckter Form z.B. durch Abwertung seiner Leistung – präventiv-aggressiv reagieren. Auch „das Imponiergehaben nach außen und die Einschüchterung der anderen ist oft Verteidigung gegen die eigene Angst, Überkompensation von Minderwertigkeitsgefühlen (Alfred Adler), Verleugnung, Verneinung und Reaktionsbildung gegen innere Angst" (Hacker, 1974, S. 156).

Zur physiologischen Unterscheidung von Angst/Furcht einerseits und Wut/Ärger andererseits vgl. Tab. 2.

Furcht/Angst	Wut/Ärger
Adrenalinausschüttung	Adrenalin- und Noradrenalinausschüttung
Erhöhung des systolischen Blutdrucks	Erhöhung des diastolischen Blutdrucks
Erhöhung der Pulsfrequenz	Verringerung der Pulsfrequenz
Erhöhung des Blutausstoßes des Herzens	Verringerung des Blutausstoßes des Herzens
Verringerte Blutversorgung der Skelettmuskulatur	Gesteigerte Blutversorgung der Skelettmuskulatur

Tab. 2: Zur Physiologie der Affekte (nach Herrmann, 1976, S. 403)

8. Perfektionismus und Aggression

Es gibt Menschen, die das Streben nach Perfektion zum Lebensprinzip erhoben haben. Der Übergang zwischen den Tugenden Ordnung und Zuverlässigkeit und der zwanghaften Perfektion ist fließend. Das Streben nach Überschaubarkeit und Fehlerlosigkeit und die Suche nach haltgebenden Ritualen tritt besonders bei Menschen auf, die sich *verunsichert* oder gar *ohnmächtig* fühlen.

Perfektionisten möchten am liebsten alles unter Kontrolle haben, glauben immer, sie könnten alles noch schöner und besser machen und belasten damit auf Dauer die zwischenmenschlichen Beziehungen.

- Andere fühlen sich vielfach durch die Ansprüche und die Besserwisserei der Perfektionisten getadelt und intolerant behandelt – manchmal durch ihre Neigung zur Kritiksucht sogar tyrannisiert.
- Menschen, die nach Perfektionismus streben, haben ein sehr hohes Anspruchsniveau. Unter ihren eigenen Unzulänglichkeiten leiden sie selbst am meisten und sie können deshalb die Kritik durch andere Menschen nur schlecht vertragen; außenstehenden Personen erscheinen sie vielfach als „aggressive Mimosen".
- Wer sich zu sehr mit Details beschäftigt, verliert leicht den Blick für das Ganze. Bei unerwartet auftretenden Schwierigkeiten reagieren Perfektionisten häufig der Situation unangemessen – gelegentlich sogar panisch – und suchen nach Sündenböcken.

Perfektionisten leiden meist unter Minderwertigkeitsgefühlen. Permanente Selbstbeobachtung und vor allem die fortwährenden Vergleiche mit der Stellung, den Leistungen und den Erfolgen anderer sind ursächlich für Gefühle der Unzulänglichkeit. Perfektionisten verstecken ihre Unsicherheit im „Korsett der Ordnung", sie schätzen häufig die „Sklaverei der Pflicht".

„Ordnungsfanatiker" zum Beispiel geraten in Panik, wenn sie ihre – oft bereits ritualisierten – Aktivitäten zur Verhinderung eines angeblich drohenden Chaos' unterlassen.

Wenn Sie unter Zwangsritualen leiden, sollten Sie versuchen, die gewohnte, automatisch ablaufende Handlungskette möglichst frühzeitig zu unterbrechen, etwa mit dem Befehl „Stop!", den Sie sich selber geben, oder mit der inneren Einrede: „Was kann mir schon passieren. Ich bleibe ganz ruhig."

Langfristiges Ziel muß es sein, die Einstellung: „Ich muß nicht perfekt sein!" zu erreichen.

9. Aggressionsspezifische Aspekte von Wettbewerbssituationen – ein Experiment von Muzafer und Carolyn Sherif

Das amerikanische Sozialpsychologen-Ehepaar Muzafer und Carolyn Sherif stellte in den vierziger Jahren folgende Hypothese auf: Wenn bei zwei vergleichbaren Gruppen, die eine Gruppe ihre Ziele nur auf Kosten der anderen erreichen kann, entsteht Feindschaft zwischen diesen Gruppen.

Zur Überprüfung dieser Annahme richteten sie in Connecticut ein Ferienlager für elf- bis zwölfjährige Jungen ein. Die Jungen hatten zunächst einige Tage Zeit, sich anzufreunden. Dann wurden die Jugendlichen in zwei Gruppen mit je zwölf Mitgliedern aufgeteilt, wobei man gezielt darauf achtete, die gerade geschlossenen Freundschaften auseinanderzubringen. Die eine Gruppe nannte sich selbst „Rote Teufel", die andere „Bulldoggen". Um die Solidarität in den neu formierten Gruppen zu fördern, saßen die Mitglieder der beiden Gruppen beim Essen an verschiedenen Tischen, schliefen in getrennten Schlafräumen und waren auch beim Wandern und Schwimmen unter sich.

In der Folgezeit wurden nun Wettbewerbe zwischen den Gruppen veranstaltet. Punkte gab es für den jeweiligen Sieger bei sportlichen Wettkämpfen, für die Übernahme von Pflichten im Lager und für die Durchführung von Reinigungsarbeiten in den Schlafräumen. Als Preis wurde für jedes Mitglied der Gruppe, die am Schluß die höchste Gesamtpunktzahl erreicht haben würde, ein Fahrtenmesser ausgesetzt.

Im Verlauf des Wettbewerbs blieben die „Roten Teufel" mit ihrem Punktestand gegenüber der Gruppe der „Bulldoggen" immer mehr zurück. Die Gruppe der „Roten Teufel" fühlte sich durch ihre Mißerfolge immer stärker frustriert; es kam zu immer größeren Spannungen zwischen den Gruppen.

Am Tage des endgültigen Sieges der „Bulldoggen" wurde ein Fest für alle Jugendlichen veranstaltet. Die Versuchsleiter wandten nun einen schäbigen Trick an, um die Stimmung weiter aufzuheizen. Sie zerquetschten absichtlich die Hälfte des für das Fest vorgesehenen Kuchens und Speiseeises und gaben vor, es handele sich um einen Transportschaden. Zudem sorgten sie dafür, daß die im Wettbewerb unterlegenen „Roten Teufel" zuerst auf dem Festplatz ankamen. Die Mitglieder dieser Gruppe nahmen sich die unversehrten Kuchen- und Eisportionen und hinterließen den „Bulldoggen" die unansehnlichen Reste. Es kam zu einem heftigen Streit, der sich am nächsten Tag fortsetzte und schließlich dazu führte, daß man sich mit Messern, Gabeln, Untertassen und grünen Äpfeln bewarf. In diesem Stadium wurde das Experiment durch die Versuchsleiter abrupt abgebrochen.

10. Sport und Aggression

Im Zusammenhang mit dem Thema „Sport und Aggressionen" geht es um zwei Aspekte: Der Mensch als aktiv Sporttreibender, der gelegentlich selbst aggressiv handelt und der Mensch als Besucher von Sportveranstaltungen, der aggressives Verhalten der Akteure erlebt.

Bei der Behandlung dieser Problematik kann nicht von *dem* Sport ausgegangen werden, sondern man muß beispielsweise differenzieren nach Freizeit-, Leistungs- und Berufssport. Man kann auch nicht von *der* Aggression reden und dabei so tun, als könnten aggressive Handlungen etwa von Boxern und Tennisspielern einander gleichgesetzt werden.

10.1. Ist die Teilnahme wirklich wichtiger als der Sieg? – Aggressive Handlungen der Akteure

Eine der olympischen Formeln Baron de Coubertins lautet: „Das Wichtigste der Olympischen Spiele ist nicht zu gewinnen, sondern daran teilzunehmen." Gilt diese Feststellung auch für den hochkommerzialisierten Massenleistungssport unserer Tage? Dem Betrachter des Spektakulums olympischer Wettkämpfe kommen erhebliche Zweifel. Nicht nur für den Berufssport gilt wohl eher die Umkehrung der Formel: Die Teilnahme ist nichts, der Sieg ist alles. Konrad Lorenz (1963) sieht im Sport eine Möglichkeit aggressive Energien ritualähnlich zu reduzieren und abzureagieren (vgl. 6.2). Da die Aktiven auf Begriffe der Fairneß und Ritterlichkeit verpflichtet sind, gehen für Lorenz vom Sport auch moralische Impulse aus. Das Sich-Kennenlernen von Athleten verschiedener Länder in Wettkämpfen begünstige die Ausbildung von aggressionshemmenden Mechanismen. Besonders im Länderwettkampfsport erblickt Lorenz auch die Möglichkeit, die emotionalen Bedürfnisse der Zuschauer zu befriedigen. Arnold Gehlen, der in seinen Auffassungen sonst der Theorie von Konrad Lorenz nahesteht, meldet diesbezüglich Zweifel an. Er meint, sportliche Wettkämpfe würden – bedingt durch die Humorlosigkeit der Massengesellschaften – sehr schnell zu ernst genommen und er ist im übrigen der Ansicht, „daß sich der Sport keineswegs immer als versöhnendes Medium der Nationalgegensätze erwiesen hat, sondern nicht selten als eine spektakuläre Ebene, auf der diese Gegensätze erst recht zum Austrag kommen" (Gehlen, 1965, S 32 f.).

Sport ist für Friedrich Hacker (1973, S. 355) „. . . völker- und menschenver-
bindend, weil durch ihn freie Aggression gebunden, geregelt, entschärft, kanalisiert und ungefährlich ausgedrückt wird."
Beim Menschen als dynamischem Wesen sind Bandscheiben, Gelenke und
Muskulatur in erster Linie dazu eingerichtet, Bewegung zu erzeugen. Das motorische Defizit des modernen Menschen führt zu Verspannungen und Verkrampfungen der Gesamtperson. Heinelt (1978, S. 72) meint, „auf diese Weise
werden Dispositionen zu Frustrationen angelegt, die sich nach dem bekannten Mechanismus in Aggression äußern können. Nicht die angestaute Aggressivität, sondern das Bewegungsdefizit führt, vom Leib-Seele-Verständnis her,
zu verschiedenen Formen aggressiver Äußerungen."
Auch Plack sieht die wichtigste Ursache für aggressives Verhalten in der „Frustration des Bewegungstriebes". Zur Wirkung des Sports als Aggressionsventil
stellt er fest: „Nicht erst, weil Sportler bei ihrem Training angestaute Wut abreagieren, sind immerhin einige von ihnen weniger aggressiv als ihre körperlich trägen Mitmenschen, sondern schon, weil bei ihnen ein vitaler Unmut
aus motorischer Frustration gar nicht aufkommt" (Plack, 1973, S. 220 f.).
Die sportspezifischen Normen − in Form der für die verschiedenen Sportar-
ten unterschiedlichen Regeln − stellen das jeweilige Bezugssystem dafür dar,
ob ein Verhalten als aggressiv oder nicht-aggressiv einzustufen ist. Es gehört
zum Wesen des sportlichen Wettkampfes als Leistungsvergleich, daß sich die
Teilnehmer bemühen, jeweils ihre eigenen sportlichen Ziele zu verwirklichen
und dabei im Gegner den Partner und nicht den Feind sehen, den sie im Erreichen seiner sportlichen Ziele zu behindern suchen. Unsportliches Verhalten
als Regelverletzung liegt vor, wenn ein Akteur versucht, seinen Gegner nicht
nur daran zu hindern, daß er seine sportlichen Ziele realisieren kann, sondern
wenn er darauf aus ist, ihn physisch oder psychisch zu schädigen und ihm
Schmerz zuzufügen. Dabei müssen die Handlungen im jeweiligen sportarten-
spezifischen normativen Kontext gesehen werden. Zum Beispiel muß der
Schlag mit der Faust ins Gesicht des Gegners beim Boxkampf eine andere
Wertung erfahren als etwa beim Fußball oder Eishockey.
Eine Funktion des Sportes besteht sicher darin, ungekonnte Aggression um-
zuwandeln in gekonnte. Selbst jedes nach den sportlichen Normen aggressive
Spiel zeugt damit von gebändigten Aggressionen.
Wer sich in sportlichen Wettkämpfen betätigt, dem bleiben gelegentlich Nie-
derlagen nicht erspart. Die angemessene Verarbeitung von Mißerfolgen und
Enttäuschungen trägt beim Unterlegenen zum Aufbau und zur Festigung sei-
ner Frustrationstoleranz bei.
Wo im Sport das Erreichen von Leistungen im Vordergrund steht − also im
Leistungssport und in wesentlichen Bereichen des Schulsports − stellt die in-
strumentelle Aggression ein zentrales Problem dar. Bei dieser Form der Aggression ist das oberste Ziel nicht die Schädigung des Gegners, sondern die

eigene Leistungsverbesserung, um derentwillen auch eine Schädigung des Gegners in Kauf genommen wird.

Winkler (1972) vertritt die Meinung, daß Sportveranstaltungen der Ableitung von Aggressionen dienen. Nach dieser Konzeption müßte es im Verlauf eines sportlichen Wettbewerbs zu einem allmählichen Abnehmen aggressiver Handlungen der Akteure kommen. Empirische Untersuchungen von Volkamer (1971) und anderen haben jedoch gezeigt, daß dies häufig *nicht* der Fall ist.

Volkamer (1971) wertete 1986 Spielberichte von Fußball-Punktspielen aus und fand als wesentliche Faktoren, die aggressives Verhalten der Akteure bei Fußballspielen beeinflussen:

- Sieg oder Niederlage
  Eine drohende Niederlage wirkt verstärkend auf aggressive Tendenzen.
- Heim- oder Auswärtsspiel
  In Auswärtsspielen wurde eine höhere Aggressionsbereitschaft gezeigt als in Heimspielen.
- Leistungsunterschied (gemessen an der 'Tordifferenz)
  Besonders viele aggressive Handlungen der Spieler traten bei Mannschaften etwa gleicher Leistungsstärke auf.
- Tabellenplatz
  Die Akteure von Mannschaften, die in der Tabelle unten plaziert waren, verhielten sich aggressiver als die Spieler besser plazierter Mannschaften.

In einer Untersuchung ging Neumann (1957, S. 44) der Frage nach, „ob uns in der Spielhandlung ein Mittel gegeben ist, die destruktiven Tendenzen, die jeder Aggression beigemengt sind, zur harmlosen Entladung zu bringen, oder ob diese destruktive Komponente vielmehr durch ihre spielerische Betätigung erst recht gestärkt wird.". Neumann differenzierte in seiner Untersuchung zwischen „Nichtsportlern", „Allgemeinsportlern" und „Trainingssportlern". Die Testergebnisse sprechen gegen die Katharsis-Theorie. Neumann stellte fest, daß die sog. Trainingssportler prozentual gesehen am stärksten in den Kategorien „kampfbegierig/kampfwütig" und „kampfsuchend/angriffslustig" zu finden waren.

Welche Reaktionen in bestimmten Situationen auftreten, hängt lerntheoretisch betrachtet von der individuellen Lerngeschichte eines Menschen ab. Danach reagiert jemand zum Beispiel nach einer Frustrierung am Arbeitsplatz deshalb nicht aggressiv, weil er gelernt hat, sich *dort* angepaßt zu verhalten – und nicht etwa deshalb, weil er seine angeblich aggressiven Impulse in einem sportlichen Wettkampf moralisch akzeptabel kanalisiert hat.

Nach der auf Denker (1974) zurückgehenden Frustrations-Angst : Flucht-Aggressions-Hypothese reagiert der Mensch auf jede als Frustration erlebte Störung zunächst mit *Angst*; gleichzeitig wird Energie freigesetzt, um entweder der Störung durch Flucht auszuweichen oder sie durch Aggression zu beseitigen. Die Angst davor, die von der Gesellschaft geforderten sportlichen

Leistungen nicht mehr erbringen zu können, kann in Verbindung mit aggressiven Reaktionen zur Erzielung von Höchstleistungen an der Grenze der menschlichen Leistungsfähigkeit führen.

Für sportliche Höchstleistungen lassen sich normalerweise bis zu 80 % des fiktiven menschlichen Leistungsvermögens in Anspruch nehmen. Die restlichen Leistungsreserven sind autonom geschützt und für den Willen unzugänglich; sie können nur durch Affekte oder Emotionen (z.B. in Lebensgefahr) – über die Ausschüttung von Adrenalin – freigesetzt werden. Pharmaka, die dem Adrenalin verwandt sind (z.B. Pervitin) bewirken, daß diese letzten Leistungsreserven dem Willen zugänglich gemacht werden können (Stegemann, 1971, S. 198). Durch dieses Doping wird jedoch keine physiologische Leistungssteigerung erreicht, sondern es wird Raubbau am Körper getrieben.

Adam (1966) weist darauf hin, daß auch aggressive Spannung zur Aktivierung von Leistungsreserven bei Sportlern strategisch eingesetzt werden kann. Teile der autonom geschützten Leistungsreserven lassen sich durch gezielte psychische Frustrierung für sportliche Leistungen mobilisieren.

Gelegentlich versuchen Trainer und Funktionäre in diesem Sinne Sportler zu aggressivem, gewalttätigem Verhalten – bis hin zur Brutalität – zu motivieren und solches Vorgehen durch den Erfolg zu rechtfertigen. Einen Tag nach einer Niederlage von Bayern München gegen Ajax Amsterdam äußerte sich Udo Lattek, der Trainer der Münchner, zum Beispiel in diesem Sinne in einem Interview, das er einem Reporter der Frankfurter Allgemeinen Zeitung gab: „Wir waren vor allem in der Cleverness rückständig, in der Härte, und – man muß es sagen – wohl auch in der Brutalität. Vielleicht ist das, was Ajax in dieser Hinsicht bot, heute die Voraussetzung zum ganz großen Erfolg. Ich glaube, daß wir in beiden Spielen sehr viel gelernt haben" (FAZ, 23. 3. 1973).

In der Augsburger Allgemeinen vom 4. Dezember 1987 sind folgende Zitate nachzulesen: „Wir tragen unseren Existenzkampf mit allen Mitteln aus. Jeder muß versuchen, den anderen fertigzumachen" (Exprofi und Mediziner Jupp Kapellmann). „Wenn du den Gegner am Boden hast, dann tritt ihm aufs Gesicht und drehe den Fuß herum. Gib ihm keine Chance, daß er noch einmal auf die Beine kommt" (Ivan Lendl). Im Davis-Cup-Spiel gegen Tim Mayotte feuerte der Mannschaftsbetreuer Niki Pilic – wie einer Reihe von Presseberichten zu entnehmen war (z. B. stern Nr. 50, 3. Dez. 1987) – Boris Becker mit der Aufforderung an: „Du mußt ihn hassen, hassen, hassen." „Das war Krieg", kommentierte Becker nach dem Spiel. Offensichtlich zählt allein der Sieg. Wie sagte doch der bekannte amerikanische Football-Trainer Vince Lombardi: „Der Sieg ist nicht das Wichtigste, er ist das einzige." Ob sie wohl wissen, was sie sagen, die Lattek, Kapellmann, Lendl, Pilic, Becker, Lombardi,…? Aber wer widerspricht ihnen schon.

Die Entwicklung und Mobilisierung eines unbeugsamen Willens zum Sieg und eines starken Selbstvertrauens ist die Voraussetzung für Höchstleistungen auf sportlichem Gebiet. Hacker (1973, S. 358) meint dazu: „Aggression muß entsprechend angefacht, geschürt und erhitzt, aber gleichzeitig oder abwechselnd gebändigt, gezügelt und abgekühlt werden. Die besten Athleten, wie die besten Krieger, sind Profis, auch Profis der Aggressionskontrolle. . . . Sie sind innerlich gelassen, ihre Wut ist zur Routine, ihr Haß zur Berufspflicht entfremdet."

„Auch der Teilnehmer an aggressiveren Spielen verpflichtet sich zu fairem, letztlich altruistischem Verhalten, womit er gleichzeitig den Willen bekundet, im Spielgegner keinen Feind zu sehen. Aufs schärfste abzulehnen sind darum Trainingsmethoden, die gerade suggerieren wollen, im Gegner den Feind zu sehen (z.B. Rudertrainer Adam)" (Denker, 1974, S. 145). Dieser Aussage kann nur zugestimmt werden.

Für Plack (1973, S. 221) sind die Akteure rauher Kampfspiele auch „vom geheimen Zorn" über die sexuelle Askese angetrieben, die ihnen von ihren Trainern vorgeschrieben wird. Spekuliert wird hier auf die kompensatorische Stimulierung zu sportlichen Höchstleistungen durch sexuelle Enthaltung. Nach Denker (1974, S. 136) konnte eine Umfrage unter Sportlern, die Steinbach während der Olympischen Spiele 1972 in München durchführte, diese Wirkung jedoch nicht bestätigen.

10.2. Panem et circenses – Aggressives Verhalten der Zuschauer

„Panem et circenses" ist eine Formulierung, die uns von dem römischen Dichter Juvenal überliefert ist; für Brot und (Zirkus-) Spiele schenkte das altrömische Proletariat den jeweiligen Machthabern seine Gunst.

Lange Zeit wurde das Zuschauen bei sportlichen Wettkämpfen als harmlose Methode „Dampf abzulassen" gepriesen. Genauere Beobachtungen des Zuschauerverhaltens lassen gelegentlich diese kathartische Wirkung jedoch mehr als fragwürdig erscheinen.

1969 waren die Unruhen nach einem Fußballspiel zwischen El Salvador und Honduras – im Rahmen der zentralamerikanischen Ausscheidungsspiele zur Teilnahme an der Fußballweltmeisterschaft – der Grund für den Abbruch der diplomatischen Beziehungen zwischen den beiden Staaten. Während des Entscheidungsspiels auf neutralem mexikanischem Boden, das notwendig geworden war, weil jede Mannschaft eines der Qualifikationsspiele für sich entschieden hatte, wurden die Armeen beider Länder mobilisiert. In der Folgezeit bombardierten die Honduraner El Salvador und die Armeen El Salvadors besetzten einige Städte in Honduras. Bis zur Beendigung der kriegerischen Auseinandersetzung zwischen den beiden Staaten durch einen Waffenstillstand waren insgesamt etwa 3000 Menschen getötet worden. Nach Aussagen salvadorianischer Oppositionspolitiker wurden die Menschen beider Länder durch ihre Regime – um von den jeweiligen innenpolitischen Schwierigkeiten abzulenken – zusätzlich aufgehetzt. Für Friedrich Hacker (1973, S. 361) waren es jedoch „zweifellos... die Sportereignisse, welche die latenten aggressiven Kräfte zum Aufflammen in manifester Gewalt entzündeten." Der Krieg wurde durch die Fußballrivalität ausgelöst, sie war hingegen nicht seine Ursache.

Winkler (1972) nennt als Beispiel für die aggressionsableitende kathartische Wirkung von Sportveranstaltungen das Eishockeyspiel zwischen den Mannschaften der CSSR und der UdSSR am 28. 3. 1969. Die fanatischen tschechischen Zuschauer feierten den überraschenden Sieg ihrer Mannschaft mit tumultartigen Szenen. Die Siegesnachricht löste in den bis dahin menschenleeren Straßen Prags Massendemonstrationen aus, die in der Demolierung der Büroräume sowjetischer Amtsgebäude gipfelten. Die Anwendung von Gegengewalt durch die sowjetische Besatzungsmacht ließ nicht lange auf sich warten. Für Hacker (1973, S. 359 f.) hatte der sportliche Sieg „bewiesen, daß das arme, kleine und unterlegene, geschundene Land wenigstens in einer Hinsicht der überwältigenden Besatzungsmacht nicht nur ebenbürtig, sondern sogar überlegen war. Die ‚reine' Unvernunft nationalen Selbstbewußtseins hatte die sportliche Voraussetzung grundsätzlicher Waffengleichheit irrigerweise auf die politische Ebene übertragen." Wurde bei diesen Ereignissen tatsächlich Aggressivität abreagiert, die bereits vor dem Spiel bestand? Denker verneint diese Frage entschieden. Er meint, „die latente, mühsam unterdrückte Aggression (wurde) durch die Aktivitäten auf dem Spielfeld und den Elan der ‚heldenhaft' kämpfenden Mannschaft und deren schließlichem Sieg über die Mannschaft des Staates der Besatzungsmacht so sehr zusätzlich verstärkt, daß die Menschen ohne weitere Rücksicht auf die Polizei und deren angedrohten Maßnahmen und die dahinter stehenden Drohungen der Besetzer sich nicht nur während des Spiels mit aggressiven Affektäußerungen gegen die für den Unterdrücker stehende Mannschaft wendeten, ohne allmählich Aggressivität abzubauen, sondern die Aggression richtete sich – erst recht – gegen die ‚Feinde' selbst... Von einer kathartischen Wirkung der Sportveranstaltung, die dazu führte, daß die Menschen sich anschließend wieder angepaßt und friedlich verhielten, kann nicht die Rede sein. Die scheinbare Friedlichkeit erklärt sich eher aus der auf die affektiven Aggressionsäußerungen als Reaktion folgende Verschärfung der Sanktionen" (Denker, 1974, S. 154 f.).

Goldstein und Arms (1971) ermittelten durch Einsatz von Fragebogen die aggressive Stimmung bei Besuchern eines amerikanischen Football-Spiels und – als Kontrollgruppe – bei den Zuschauern einer Gymnastik-Veranstaltung.

Unabhängig von Sieg oder Niederlage „ihrer" Mannschaft, zeigte sich ein Anstieg der aggressiven Stimmung der Zuschauer des Football-Spiels; bei den Zuschauern der Gymnastik-Vorführung war kein entsprechender Anstieg festzustellen. Auch wenn man die bei Football-Spielen und Gymnastik-Veranstaltungen unterschiedliche Atmosphäre, die größere „Dichte" der Zuschauer beim Football-Spiel und die möglicherweise unterschiedlichen Persönlichkeitseigenschaften der Besucher dieser beiden Sportveranstaltungen berücksichtigt, spricht das Untersuchungsergebnis keinesfalls für, sondern eher gegen die Katharsis-Hypothese.

Psychologische Mechanismen, die das Zuschauerverhalten bestimmen, ähneln sehr stark der Wirkung von Gewaltdarstellungen in Fernsehen und Film auf die Zuschauer (vgl. 11.).

Aggressionen auf dem Spielfeld liefern den Fans Vorbilder, die ihnen nachahmenswert erscheinen. Je stärker die Identifikation eines Zuschauers mit „seiner" Mannschaft ist, je größer ist die Wahrscheinlichkeit, daß er auch aggressives Verhalten imitiert. Fußballfans verstärken die Identifikation häufig dadurch, daß sie Kleidung in den Farben ihres Lieblingsvereins tragen, spezielle Lieder singen und sich eines Jargons bedienen, der nur für Mitglieder des betreffenden Fanclubs verständlich ist.

Verstöße gegen die Spielregeln durch die „eigene" Mannschaft werden übersehen, heruntergespielt, entschuldigt oder man versucht sie scheinheilig zu legitimieren, indem man den Akteuren der anderen Mannschaft vorwirft, sie hätten mit den Unsportlichkeiten angefangen.

Der Enthusiasmus der Zuschauer zur Unterstützung der „eigenen" Mannschaft sorgt für den sogenannten Heimvorteil. Fouls von Spielern der Heimmannschaft werden oftmals mit Beifall bedacht. Gastmannschaften werden häufig schon beim Betreten der Sportstätten mit gellenden Pfiffen, verbalen Aggressionen oder anderem Imponiergehaben empfangen, um sie einzuschüchtern. Die Massenmedien tun das ihre, um manche Sportveranstaltungen zu sensationellen Ereignissen hochzustilisieren. In ihrer Sprache orientieren sie sich dabei häufig an Begriffen aus den Bereichen Gewalt und Krieg und sie tragen damit bei zur Verbreitung stereotyper Feindbilder. Sportler werden gelegentlich zu „Haudegen", „Sturmtanks", „Bombern der Nation", sie veranstalten „Trommelfeuer" oder „rennen in offene Messer". Abschließend läßt sich mit Hacker (1972, S. 68) feststellen: „Sport liefert viele nachahmenswerte Modelle der Aggressionsbewältigung, aber auch drastische Beispiele der potentiellen Gefahr, daß Aggressionskontrolle in Aggressionsursache umschlagen kann." Auf diese doppeldeutige Funktion des Sports weist u. a. auch Adorno (1970) hin.

11. Fernsehen und Aggression

Film und Fernsehen sind in unserer Zeit zu einem festen Bestandteil des Lebens geworden. Speziell das Fernsehen greift tief in den Alltag ein; es hat die Lebensgewohnheiten des modernen Menschen verändert und bestimmt wesentlich die zeitliche Planung seiner Freizeit. Fernsehsendungen liefern vielfach auch die Themen für Pausengespräche am Arbeitsplatz und in Schulen und für die verbale Kommunikation im Freizeitbereich. Das Fernsehen ist wohl von allen Massenmedien am meisten beliebt und am stärksten umstritten.

11.1. Umfang des Fernsehkonsums und bevorzugte Sendungen

In einer Befragung, die im Auftrag des Jugendwerks der Deutschen Shell in den siebziger Jahren durchgeführt wurde, wurden die Fernsehgewohnheiten von über 2000 Jugendlichen untersucht. Dabei ergab sich, daß die Jugendlichen im Durchschnitt acht Stunden pro Woche vor dem Fernsehbildschirm verbringen. Der Umfang des Fernsehkonsums ist je nach Schulabschluß der jungen Menschen verschieden. Zum Beispiel gaben die Jugendlichen mit Hauptschulabschluß – 17 % der Befragten – an, daß sie fünf- bis siebenmal in der Woche täglich 2,5 bis 3 Stunden fernsehen.
Nach einer repräsentativen Umfrage des Instituts für Demoskopie Allensbach, die im Oktober 1982 im Auftrag einer Zeitschrift bei über 16jährigen vorgenommen wurde, saßen 46,6 % der 1029 Befragten von Montag bis Freitag mehr als zwei Stunden pro Tag vor dem Fernsehgerät (stern, Nr. 47, 18. 11. 1982).
Entsprechende Untersuchungen in den USA zeigten, daß die Menschen dort im Durchschnitt zehn Jahre ihres Lebens vor dem Bildschirm von Fernsehgeräten verbringen (Heinelt, 1978, S. 63).
Bei der Frage nach der Bevorzugung einzelner Sendungsarten ergab die Shell-Studie, daß bei männlichen und weiblichen Jugendlichen Spiel- und Kriminalfilme am beliebtesten waren. Maccoby (1973) referiert andere Untersuchungen, nach deren Ergebnissen auch Kinder überwiegend solche Sendungen auswählen, die eher unterhalten als belehren. Kinder bevorzugen vor allem Zeichentrickfilme, Wildwestprogramme, Tier- und Kriminalfilme sowie Ko-

mödien aus dem Familienmilieu. In einer Untersuchung bei Schulanfängern wurde festgestellt, daß sie sich in 40 % ihrer vor dem Fernsehgerät verbrachten Zeit Erwachsenensendungen ansahen, während im sechsten Schuljahr schon 80 % der Fernsehzeit damit verbracht wurde, sich Programme anzuschauen, die in erster Linie für Erwachsene bestimmt waren (Maccoby, 1973, S. 144).

„In amerikanischen Fernsehkinderprogrammen kommen extreme Gewaltakte durchschnittlich alle 16,3 Minuten vor, nicht gerechnet die gezeichneten, beliebten Tiercartoons, die wahre Grausamkeitsorgien feiern" und „das amerikanische Durchschnittskind sieht zwischen seinem fünften und fünfzehnten Lebensjahr die Totalvernichtung von zirka 13400 Personen mit an" (Hacker, 1973, S. 334). Eine Inhaltsanalyse von 183 amerikanischen Fernsehunterhaltungssendungen zur Hauptsendezeit in je einer Oktoberwoche der Jahre 1967 und 1968 ergab, daß in 81% dieser Sendungen Gewalt vorkam (Gerbner, 1969, zit. n. Kellner/Horn, 1971, S. 57 f.).

Gewalt ist nach Hacker (1973, S. 339) „das billigste Mittel, um die Aufmerksamkeit des durchschnittlichen Lesers, Hörers oder Fernsehers, sogar des gebildeten, zu gewinnen und zu stimulieren, um seinem übermüdeten Geist, der Abwechslung sucht, Spannung, Überraschung und Kontraste zu vermitteln." Meist versucht man in Filmen die Anwendung von Gewalt zu rechtfertigen. Am Ende setzt sich fast immer „die gute Sache" durch. Legalisierte Gewalt ist nicht mehr verabscheuungswürdig; sie erscheint dem Zuschauer als „gute Gewalt" und sie wird gelegentlich als *das* Mittel der Wahl zur Lösung von Konflikten empfunden.

11.2. Wirkungen von Gewaltdarstellungen auf den Zuschauer

Erkenntnisse aus Untersuchungen über kurzfristige Wirkungen von Massenmedien lassen den Schluß zu, daß sie imstande sind, bestehende Einstellungen zu verfestigen; sie sind jedoch weit weniger dazu in der Lage, bereits vorhandene Einstellungen zu verändern. Diese überwiegend an gedruckten Medien gewonnene Einsicht ist nicht ohne weiteres auf elektronische Medien übertragbar. Elektronischen Medien wird ein besonders hoher Realitätscharakter beigemessen; sie sprechen Rezipienten persönlich und emotional stark an und wirken suggestiver als das gedruckte Wort. Gedruckte Medien erlauben größere Distanz und aktive schöpferische Teilnahme am Geschehen; der Leser kann sich wiederholt mit derselben Aussage beschäftigen. Zuverlässige Erkenntnisse über langfristige Wirkungen von Medien fehlen.

Die exakte empirische Erfassung der Wirkungen des Fernsehens auf die Zuschauer ist schwierig, da neben dem Fernsehen noch viele andere Faktoren wirksam sind, die sich bei einer solchen Untersuchung kaum ausschalten lassen. Es gibt verschiedene Möglichkeiten zur Feststellung der Wirkungen des Fernsehens. Die meisten Untersuchungen zu dieser Problematik wurden mit Kindern durchgeführt.

Eine Methode besteht darin, Kinder, die mit dem Fernsehen aufgewachsen sind mit etwa gleichaltrigen Kindern zu vergleichen, die unter ähnlichen Verhältnissen – jedoch ohne Fernsehen – groß geworden sind. Hervorragende Untersuchungen dieser Art wurden u. a. von Forscherteams unter der Leitung von Hilde Himmelweit in England und von Wilbur Schramm in amerikanischen und kanadischen Gemeinden durchgeführt. Eine andere Methode der Wirkungsforschung beruht darauf, daß man Versuchspersonen vor und nach dem Ansehen einer Sendung befragt, um Veränderungen ihrer Einstellungen und ihres Verhaltens festzustellen; als Vergleichsgruppe dienen Probanden, die die Sendung nicht gesehen haben. Gelegentlich wird auch versucht, durch Vergleich von Kindern von früher mit Kindern von heute auf Wirkungen des Fernsehens zu schließen. Dieses Verfahren ist jedoch nicht statthaft, da Kinder von heute nicht nur bezüglich des Fernsehens in einer anderen Umwelt leben.

Der Mensch nimmt aufgrund seiner selektiven Wahrnehmung vorwiegend das auf, was seinen Interessen und Bedürfnissen entspricht. Bereits bestehende Wertvorstellungen, Denk- und Verhaltensweisen werden dadurch verstärkt. Vor diesem Hintergrund ist es plausibel, daß der prägende Einfluß dort am intensivsten ist, wo der Mensch noch keine festen Einstellungen und Verhaltensweisen ausgebildet hat; Kinder werden demnach durch Massenmedien wohl stärker beeinflußt als Jugendliche und Erwachsene.

Wenn es um die Wirkungen von Massenmedien geht, konzentriert sich die Diskussion stark auf die Zusammenhänge zwischen der Beobachtung von Darstellungen der Gewalt und ihrer Nachahmung. In der traditionellen Wirkungsforschung postulierte man eine monokausale Ursache-Wirkungs-Beziehung zwischen dem Betrachten von Gewaltdarstellungen und dem Verhalten der Zuschauer. Die moderne Wirkungsforschung bedient sich eines multikausalen Ansatzes. Man geht dabei davon aus, daß die Wirkungen von Medieninhalten von situationsspezifischen Bedingungen und persönlichkeitsspezifischen Merkmalen der Empfänger abhängen. Wirkungsfaktoren in diesem Sinne sind: Alter, Geschlecht, Gruppen- und Schichtzugehörigkeit, soziale Beziehungen, Intelligenz, Schulbildung, Selbstvertrauen, Ängstlichkeit, augenblickliche Stimmungslage u.a..

Die Frage, ob zwischen der Darstellung von Gewalt in Medien und aggressivem Verhalten in der Gesellschaft ein Zusammenhang besteht, wird zum Teil verneint, überwiegend jedoch bejaht. Bezüglich der Wirkungen von Gewaltdarstellungen auf Rezipienten gibt es verschiedene Denkmodelle; eine übersichtliche Darstellung der entsprechenden Hypothesen findet sich zum Beispiel in einem ZDF-Literaturbericht über psychologische Medienwirkungsforschung (Kellner/Horn, 1971).

- Katharsis-Hypothese (Theorie der Abreaktion)

  Diese Hypothese geht davon aus, daß das Miterleben fremder Aggressionen und Gewaltakte dem Zuschauer über Prozesse der Identifikation und Projektion die stellvertretende Teilnahme an solchen Handlungen ermöglicht; dadurch sollen beim Rezipienten eigene, feindselige Gefühle und Verhaltensweisen abgebaut werden können. Gewaltdarstellungen wird nach dieser Affassung eine Ventil- oder Ersatzfunktion zugeschrieben. Demnach würde sich der Zuschauer dadurch abreagieren und sich von psychischem Druck befreien, daß er seinen Ärger von bestimmten Personen seines Lebensbereiches auf Figuren des Films überträgt.

  Feshbach (1971) konnte zum Beispiel in einem Experiment feststellen, daß sich bei verärgerten und aggressiv gestimmten Zuschauern nach der gesehenen Darstellung von Gewalt eine Verminderung ihrer aggressiven Tendenzen zeigte. Die Ergebnisse einer Reihe weiterer Experimente anderer Forscher konnten die Katharsis-Hypothese jedoch nicht bestätigen; in vielen Fällen zeigten sich entgegengesetzte Wirkungen.

- Inhibitions-Hypothese

  Diese Auffassung besagt, daß der Betrachter von Gewaltszenen sein eigenes Bedürfnis nach aggressiven Handlungen erkennt und Angst davor bekommt. Nach Berkowitz ist es vor allem die Angst vor möglicher Bestrafung, die die Aggressionen des Zuschauers blockiert und dazu führt, daß nach dem Ansehen von Gewaltdarstellungen in Medien, aggressives Verhalten des Rezipienten ausbleiben kann.

- Habitualisierungs-Hypothese

  Nach dieser Hypothese gewöhnt man sich durch häufiges Betrachten von aggressiven Akten an Gewalt als „normale" Form der Konfliktlösung; die emotionale Sensibilität wird abgestumpft und die Reizschwelle erhöht. Das oftmalige Beobachten von gewalttätigen Handlungen führt dazu, daß der Rezipient sich innerlich nicht mehr angesprochen fühlt und gegenüber den Leiden anderer auf Distanz geht.

- Stimulations- und Imitations-Hypothese

  Dieses Modell geht davon aus, daß die Beobachtung von Mediengewalt – bedingt durch Nachahmungslernen und Lernen am Erfolg der aggressiven Modelle – beim Zuschauer zu einer Stimulierung und Aktivierung eigener aggressiver Einstellungen bzw. zu einer Übernahme entsprechender Verhaltensweisen führt.

„Die Hypothesen haben sich alle – obwohl sie doch untereinander nicht kompatibel sind – mehr (z.B. Stimulationsthese) oder weniger (z.B. Katharsisthese) bestätigt, und zwar in dem Sinne, daß sich in Laborexperimenten (und auch in Felduntersuchungen) immer wieder empirische Evidenz für solche Zusammenhänge ergab. Diese Aussagen sind immer richtig, wenn man sie um die Formulierung ‚unter gewissen Bedingungen' erweitert" (Bessler, 1973, S. 257).

Mundzeck (1973) faßt die vorliegenden Befunde experimenteller Untersuchungen und vergleichender Studien über die Wirkungen von aggressiven Inhalten von Fernsehsendungen auf den Zuschauer zusammen:

- Durch aggressive Darstellungen im Fernsehen wird der Zuschauer mit hoher Wahrscheinlichkeit dazu angeregt, sich selbst aggressiv zu verhalten. Aggressive Verhaltensweisen, die dem Zuschauer bereits bekannt sind, können durch neue, bei der Beobachtung der Gewaltdarstellung hinzugelernte, ergänzt werden.
- Häufiges Betrachten von aggressiven Darstellungen führt zur Gewöhnung und Abstumpfung. Dadurch erhöht sich die Wahrscheinlichkeit, selbst Gewalt zur Konfliktlösung anzuwenden und die Gewaltanwendung gegen andere gleichgültig und ohne Reaktion hinzunehmen.
- Die Beobachtung von brutalen Darstellungen in audio-visuellen Medien bedingt, daß die Grenzen dessen, was noch als akzeptable Gewaltanwendung angesehen wird, ausgedehnt werden. Die häufige Vorführung von gewaltsamen Konfliktlösungen kann – als „einfachste" Methode – Modellcharakter für die zwischenmenschlichen Beziehungen bekommen.
- Wenn bei solchen Gewaltdarstellungen häufig Vertreter von Minderheiten als Gewalttäter oder Gewaltopfer auftreten, können Vorurteile gegenüber solchen Minderheiten hervorgerufen bzw. intensiviert werden.
- Wenn Gewalttäter als Helden dargestellt werden und wenn ihre aggressiven Handlungen zu Erfolgen führen, ist die Wahrscheinlichkeit groß, daß sich Zuschauer mit ihnen identifizieren und ihr gewalttätiges Verhalten billigen und übernehmen.
- Hat der Zuschauer ein Wertsystem aufgebaut, das Gewaltanwendung ablehnt, so wird er darin bestärkt werden, wenn aggressive Akte als ungerechtfertigt dargestellt werden. Menschen, die noch kein entsprechendes Wertsystem aufgebaut haben, werden durch die Beobachtung von Gewaltdarstellungen besonders negativ beeinflußt.
- Die Darstellung der negativen Folgen und der Grausamkeit von Gewaltanwendung ist eher dazu in der Lage, den Zuschauer von dieser Art der Konfliktlösung abzuhalten als das Verschweigen der entsprechenden schmerzhaften Konsequenzen.
- Wirklichkeitsnah dargestellte Gewalt wirkt stärker auf den Zuschauer als fiktiv dargestellte Gewalt.
- Wenn ein Mensch bereits vor der Beobachtung der aggressiven Darstellungen zur Anwendung von Gewalt bereit ist, wird er durch aggressive Mo-

delle stärker angeregt als wenn eine solche Verhaltensbereitschaft nicht besteht.

Ausmaß und Richtung der Wirkungen von Gewaltdarstellungen auf den Rezipienten hängen nach den Erkenntnissen der Medienforschung von seiner persönlichen Disposition ab. Auf Grund der vorliegenden Untersuchungsbefunde ist es höchst unwahrscheinlich, daß das Beobachten aggressiver Sendungen dazu führt, daß Aggressionen abreagiert werden.

Aus den Ergebnissen einer Reihe von Untersuchungen läßt sich entnehmen, daß eine Beziehung zwischen aggressivem Verhalten und der Vorliebe für aggressive Filme besteht. Ungeklärt ist in diesem Zusammenhang allerdings, „ob der Geschmack an der im Fernsehen gezeigten Gewalt eine Reflexion vorhandener aggressiver Interessen" ist, „oder ob die schwere Unterhaltungskost die Jungen tatsächlich zu aggressivem Verhalten" anreizt (Singer, 1972, S. 44).

Kinder erleben das Fernsehen weitgehend als Wirklichkeit; dadurch verwischt sich bei ihnen die Grenze zwischen Realem und Unrealem. Insbesondere Kleinkinder halten Fernsehbilder für die Wirklichkeit.

Es hat sich gezeigt, daß der Umfang des Fernsehkonsums zunimmt, wenn Kinder Konflikte in Familie und Freundschaften haben; je intelligenter Kinder sind und je mehr verschiedene Interessen sie haben, je weniger Zeit verbringen sie vor dem Fernseher.

Wenn Kinder in einer Umwelt aufwachsen, in der aggressives Verhalten häufig praktiziert wird und wenn ihr Bedürfnis nach Zuwendung und Anerkennung nicht befriedigt wird, ist die Gefahr besonders groß, daß sie aggressive Verhaltensweisen aus Film und Fernsehen übernehmen, da ihre eigenen Erfahrungen dadurch verstärkt werden.

Sicher sind die Gewaltdarstellungen im Fernsehen nicht als Einzelfaktor im Brutalitätsgeschehen von Kindern und Jugendlichen zu betrachten. Kausale Beziehungen zwischen der Darstellung von Gewalt in audio-visuellen Medien und Jugendkriminalität konnten nicht nachgewiesen werden.

Heinelt (1978, S. 70) ist der Meinung, „daß bei der Diskussion der Frage des Zusammenhangs zwischen dem Konsum aggressiver Fernsehinhalte und deren Nachahmung von einem ‚soliden Forschungsstand' nicht gesprochen werden kann." Dem kann nur zugestimmt werden. Auffällig ist in diesem Zusammenhang die Widersprüchlichkeit verschiedener Forschungsbefunde. Gelegentlich werden die Ergebnisse von Untersuchungen auch unzulässig verallgemeinert. Die Erfassung von Wirkungen der Gewaltdarstellung in Medien erfolgt in der Regel in „künstlichen" Situationen, d.h. unter Laborbedingungen. Größere Validität wäre von Untersuchungen in der natürlichen Umgebung der Rezipienten zu erwarten.

11.3. Medienpädagogische Aspekte

Die Existenz von Wirkungen des Fernsehens auf die Rezipienten ist heute unbestritten. Das Problem der Verhütung von Schäden durch Gewaltdarstellungen in diesem Bereich der Massenkommunikation tangiert in erster Linie die Arbeit der Programm-Macher. Darüber hinaus stellt sich in diesem Zusammenhang die Frage, wie Rezipienten in einer pluralistischen Gesellschaft − durch Vermittlung der Fähigkeit zu kompetentem Umgang mit audiovisuellen Massenmedien − vor unerwünschten Auswirkungen geschützt werden können.

− Die Darstellung von Gewalttaten ohne Informationswert − also im Rahmen von Unterhaltungssendungen − sollte drastisch eingeschränkt werden. Kriminalfilme zum Beispiel können auch spannungsreich inszeniert werden, ohne daß exzessive Gewalt in detaillierten Schilderungen geboten wird. Gleichzeitig sollte das Angebot an positiven Modellen, die friedliche Konfliktlösungsmöglichkeiten demonstrieren, erhöht werden.

− Fernsehprogramme müssen darauf angelegt sein, jede Verharmlosung und Verherrlichung von Gewalt auszuschließen.

− Bedenken Sie Ihre eigenen Fernsehgewohnheiten. Ihr Fernsehverhalten wirkt sich positiv oder negativ auf die Fernsehgewohnheiten Ihrer Kinder aus.

− Setzen Sie Fernsehsendungen nicht als Belohnungen im Erziehungsprozeß ein.

− Verhindern Sie durch alternative Angebote, daß Ihre Kinder zu früh und zu lange vor dem Fernsehbildschirm sitzen.
Kinder unter vier Jahren sollten noch nicht fernsehen. Zwischen vier und sechs Jahren sollte keine Sendung angeschaut werden, die wesentlich länger als eine Viertelstunde dauert.

− Wählen Sie die Sendungen − möglichst unter Mitwirkung Ihrer Kinder − sorgfältig aus.

− Lassen Sie Ihre Kinder beim Fernsehen nicht allein.
Himmelweit und Mitarbeiter (1965) stellten bei empirischen Untersuchungen an zehn- bis vierzehnjährigen Schulkindern fest, daß die Versuchspersonen auf aggressive Auseinandersetzungen im Film mit erhöhter Angst reagierten; die Angst verstärkte sich noch, wenn die Kinder allein oder in einem dunklen Raum vor dem Bildschirm saßen.
Die Anwesenheit von vertrauten Personen verschafft dem Kind während der Sendung das Gefühl der Geborgenheit und Sicherheit und ermöglicht es ihm, aufkommende Ängste zu bewältigen.

− Versuchen Sie − im Gespräch mit Ihren Kindern − Inhalte, die nicht oder nur zum Teil verstanden wurden, aufzuarbeiten.

- Erklären Sie Ihren Kindern, mit welchen Mitteln die Medien arbeiten, um dem Zuschauer – auch bei Gewaltdarstellungen – den Eindruck der Realität zu vermitteln.
- Der Umgang mit Eltern und Gleichaltrigen ist für die Entwicklung eines Kindes wichtiger als das Fernsehen.

Denken Sie daran, daß der übersteigerte Wunsch nach Fernsehkonsum oft symptomatisch für soziale und psychische Spannungen in der Umwelt des Kindes ist.

Immer häufiger können sich Kinder Gewaltfilme zu Hause im Heimkino ansehen. Videotheken bieten alles frei Haus und Gewalt- und Horrorvideos überfluten die Kinder schon in einem Alter, in dem sie nicht so genau zwischen Wirklichkeit und Phantasie trennen können. Die Gefahr: starker Realitätsverlust. „Dieser Film ist so entsetzlich, daß Sie ihn Ihr Leben lang nicht vergessen werden", warb eine Videofirma für ihren – mittlerweile wegen Jugendgefährdung und Verherrlichung der Gewalt auf die Verbotsliste gesetzten – Horrorstreifen „Man Eater".

Für Kinder und Jugendliche haben solche menschenverachtenden Filme einen anderen Stellenwert als für Erwachsene. Im Gegensatz zum Erwachsenen wird das Kind von Filmen, Bildern, Vorbildern in seiner Wesenshaltung geprägt – unter bestimmten Umständen nachhaltig und entscheidend; Kinder sind keine kleinen Erwachsenen. Insbesondere in der Pubertät besteht die Gefahr, daß sich Jugendliche durch Sprache und Handlungsmuster gewalttätiger Filme negativ beeinflussen lassen.

12. Gewalt in Märchen

Von der poetischen Zauberwelt der Märchen kann – ähnlich wie von Träumen – eine balancierend-heilende Wirkung auf die Psyche ausgehen. Die Bildersprache der Märchen belebt in unserer Seele, in unserem Bewußtsein und Unterbewußtsein, ebenfalls Bilder. Märchen handeln von unserem Leben mit seinen Schwierigkeiten, Ängsten und Nöten und sie gehen immer von einer typisch existentiellen Problematik aus. In den sinnträchtigen Geschichten werden Kindern die Konflikte eines noch nicht gelebten Lebens magisch kodiert vorgespielt. Wer Märchen liest oder wem sie vorgelesen werden, erlebt zusammen mit der Märchenheldin oder dem Märchenhelden eine beengende Notlage, in der Abhilfe geschaffen werden muß. In Situationen, in denen eigentlich alles aussichtslos geworden ist, zeigt sich nach langem Suchen doch noch einmal eine überraschende Lösung; es kommt zu einer märchenhaften Wendung.

Kinder werden nicht erst seit der Erfindung von Film und Fernsehen auf unterhaltsame Weise mit Gewaltdarstellungen konfrontiert. Denken Sie in diesem Zusammenhang z.B. an die brutalen und grausigen Schilderungen in „Grimms Märchen" („Rotkäppchen und der Wolf", „Hänsel und Gretel", „Das tapfere Schneiderlein", . . .). Die am Anfang des 19. Jahrhunderts von den Brüdern Jacob und Wilhelm Grimm aufgezeichneten Märchen gehören auch heute noch zum Standardprogramm vieler Gute-Nacht-Geschichten-Erzähler und sie wurden bisher in etwa 70 Sprachen übersetzt. Die fachpsychologische Meinung über die Wirkungen solcher gewaltbetonten Schilderungen ist geteilt. Viele Fachleute sind der Meinung, daß es dabei nicht um eine Form von kindgemäßer harmloser Unterhaltung geht, sondern, daß auf diese Weise Kinder zu aggressiven Handlungen hingeführt werden, indem sie lernen, Gewalt sei eine angemessene Reaktion auf ungehöriges Benehmen. Im Gegensatz dazu vertritt z.B. der Psychologe Bruno Bettelheim die Ansicht, die märchenhafte Konfrontation mit Phänomenen wie Tod und Angst würde Kinder auf die Realitäten des Lebens vorbereiten. Durch die Darstellung des „tugendhaften Helden", mit dem sich das Kind identifizieren kann und dadurch, daß sich am Schluß alle Probleme lösen und „das Gute" siegt, erfolge gar eine Förderung der moralischen Entwicklung.

13. Witz und Aggression

In Sigmund Freuds Buch „Der Witz und seine Beziehung zum Unbewußten" findet sich neben einer Sammlung von Witzen, die mit zum Besten zählt, was in diesem Zusammenhang bisher veröffentlicht wurde, eine Theorie des Komischen. Symbolisierungen, insbesondere sexueller Art, die Wunscherfüllung in der geistigen Vorstellung, die Verdichtung von Sachverhalten und Verschiebungen der Trieb- und Gefühlsbesetzung vom eigentlichen Zielobjekt auf ähnliche Objekte, sind demnach Wesenszüge des Witzes. Nach Freud befriedigt der Witz grundlegende Bedürfnisse des Menschen; er hat im befreienden Lachen der Zuhörer Ventilfunktion für aufgestaute Triebregungen oder ist gar die letzte Waffe des völlig Wehrlosen. Angriffswitze kritisieren und verneinen das Bestehende; sie entstehen und verbreiten sich besonders unter totalitären Regimen − aus Gefühlen des Unbefriedigtseins oder gar des ohnmächtigen Hasses heraus. In politischen Witzen dieser Art dokumentiert sich der Protest gegen äußeren Druck und die innere Abwehr gegen bestimmte politische Zustände und die dafür Verantwortlichen. „Angeblich sollen manipulierte Systeme und besonders gewitzte Politiker auch die Witze gegen sich selbst erfinden und verbreiten, um dadurch gefährlichere Aggressionsäußerungen zu verhüten" (Hacker, 1973, S. 158).
Bei politischen Witzen unterscheidet man zwischen Angriffs- und Verteidigungswitzen. Angriffswitze richten sich gegen das Bestehende und sind getragen vom Willen nach Veränderung; ihr idealer Nährboden sind totalitäre Herrschaftsformen. Das Lachen über solche Witze hat häufig einen bitteren Beigeschmack; es vermittelt jedoch dem Unterdrückten oft das subjektive Gefühl der geistigen Überlegenheit gegenüber dem Unterdrücker. Bejahung des Bestehenden ist die Grundabsicht von Verteidigungswitzen. Durch die Ventilfunktion solcher Witze können sich in der Bevölkerung aufgestaute Aggressionen relativ unschädlich für das „aufs Korn genommene" Regime entladen. Beispiele:
Nazizeit. Zwei Juden treffen sich auf der Straße. Es entwickelt sich folgender Dialog:
„Kennst du den Unterschied zwischen Hitler und einem Leberkranken?"
„Nein!"
„Der eine ist leberleidend, der andere leider lebend."

Hitlerzeit. Zwei Freunde sitzen sich in ihrem Stammcafé gegenüber. „Was ist der Unterschied zwischen Ludwig XIV. und Hermann Göring?" „Weiß ich nicht."
„Ludwig XIV. sagte: ‚Der Staat bin ich', Hermann Göring meint: ‚Mit mir könnt ihr Staat machen!'"

Gelegentlich ist es unter totalitären Regimen jedoch nicht immer ganz ungefährlich, aggressive Witze über die Mächtigen zu erzählen. Auf diesen Aspekt weist der folgende Witz hin. Frage an Radio Eriwan: „Stimmt es, daß Breschnew die Witze sammelt, die über ihn erzählt werden?" Antwort von Radio Eriwan: „Im Prinzip ja, aber er sammelt auch die Leute, die die Witze erzählen."

Auf Kurt Tucholsky geht das folgende Zitat zurück: „Wenn bei uns einer einen guten politischen Witz macht, sitzt halb Deutschland auf dem Sofa und nimmt es übel". Das gilt wohl auch für die Karikatur als keineswegs sachlich-ausgewogenem, sondern meist überaus krassem politischem Kommentar; manchmal liebenswürdig, gelegentlich auch bösartig, im Idealfall treffend. Das Wort leitet sich ab vom italienischen *caricare* (belasten, übertreiben). Karikaturisten übertreiben mit dem Zeichenstift; sie entlarven und verspotten zugleich. Manche Vertreter dieser Zunft betätigen sich gelegentlich auch als Verbreiter von Propaganda und Vorurteilen.

Goethe meint: „Wer sich nicht selbst zum besten haben kann, der ist gewiß nicht von den Besten." Von Otto Julius Bierbaum stammt die Definition: „Humor ist, wenn man trotzdem lacht." Humorvolle Menschen können sich – im Gegensatz zu den typischen Witzbolden – auch über sich selbst lustig machen; sie haben Selbstbewußtsein und innere Freiheit genug, es zu ertragen, selbst zur Zielscheibe des Witzes oder gar zu Aggressionsobjekten anderer zu werden.

Witze sind für Griesgrämige und Verstimmte bisweilen wirkungsvoller als „Glückspillen" aus der Apotheke. Oft jedoch „schafft nichts so verläßliche Feindschaften wie ein treffender Witz" (Hacker, 1973, S. 157).

14. Erziehung und Aggression

14.1. Extremvarianten erzieherischen Umgangs

Absolute Milde und Güte

August Aichhorn, ein Schüler Sigmund Freuds, orientierte seine Arbeit in den Erziehungsanstalten für verwahrloste Kinder und Jugendliche in Oberhollabrunn und St. Andrä (1918 – 1922) an psychoanalytischen Einsichten.
Eine Gruppe von 12 Jungen war durch extrem aggressives Verhalten aufgefallen; sie benutzten u.a. glühende Kohlen aus einem von ihnen umgeworfenen Ofen und Eßmesser und Teller als Angriffswaffen. Wegen ihrer Brutalität und Unverträglichkeit waren sie aus anderen Gruppen des Erziehungsheimes abgeschoben worden. Die Jungen hatten – bevor sie ins Heim kamen – „ . . . für jede Überschreitung vom Vater, Erwachsenen oder Stärkeren die Faust zu fühlen bekommen". Aichhorn deutete ihre aggressiven Handlungen als Haßreaktionen gegen dieses Verhalten der Erziehungspersonen und ging davon aus: „Richtig kann daher nur ein gerade entgegengesetztes Verhalten des Erziehers sein" (Aichhorn, 1957, S. 147). Einige Mitarbeiter Aichhorns wollten gegen die Jungen mit äußerster Strenge und härtesten Strafmaßnahmen vorgehen. Aichhorn übernahm selbst – zusammen mit zwei Erzieherinnen – die Betreuung der Gruppe und orientierte seine Arbeit konsequent an der Maxime: „Absolute Milde und Güte; fortwährend Beschäftigung und viel Spiel, um auch den Aggressionen vorzubeugen; fortgesetzte Aussprachen mit jedem Einzelnen" (Aichhorn, 1957, S. 149). Bezüglich des Verhaltens der Betreuer wurde weiterhin vereinbart: Gewährenlassen soweit überhaupt möglich, Eingreifen nur bei Gefahr für Leib oder Leben, Vermeidung jeder Parteinahme für einen der Streitenden.
Die Jungen reagierten auf das Ausbleiben des gewohnten massiven Widerstandes gegen ihre Aktionen *zunächst* dadurch, daß sie noch aggressiver wurden. Sie hielten die Betreuer „ . . . für die Schwächeren, die Angst vor ihnen haben, denen gegenüber man sich alles erlauben darf." Die Auseinandersetzungen nahmen an Heftigkeit derart zu, daß die beiden Erzieherinnen – der Verzweiflung nahe – durch zwei andere Mitarbeiterinnen abgelöst werden mußten. Aichhorn hielt unbeirrt an seinen erzieherischen Grundsätzen fest. Im Laufe der Zeit nahmen die Aggressionen zunehmend den Charakter von Scheinaggressionen an: „Die Wutausbrüche, das gegenseitige Aufeinanderlosgehen, waren nicht mehr wirklicher Affekt, sondern wurden zwar gut, aber

doch vor uns gespielt" (Aichhorn, 1957, S. 151). Das konsequente Nichtbeachten dieser Scheinaggressionen führte im weiteren Verlauf des Experiments bei jedem der Jungen zu heftigster emotionaler Erregung, die „sich zumeist in Wutweinen erledigte. Nach der Zeit des Wutweinens kam die der starken Labilität. Zeitweilig waren die Kinder brav, sehr brav sogar, untereinander so verträglich, daß man an ihrer Aufführung Freude haben konnte, dann plötzlich trat wieder ein Umschwung mit Wutausbrüchen und erhöhten Führungsschwierigkeiten ein" (Aichhorn, 1957, S. 151).

Großes Wohlgefallen löste bei der Gruppe die gemeinsame Feier des Weihnachtsfestes aus, mit der Aichhorn den Jungen gezielt eine Freude bereiten wollte. Schließlich kam es zu einem dauerhaften Abklingen der aggressiven Handlungen und über die Identifikation mit dem Betreuer, die nach Aichhorn den „Kitt der Gruppe" bildete, gelang es, die Jungen zu einem solidarischen sozialen Verhalten hinzuführen. Nach einer mehr als dreimonatigen extrem geduldigen Erziehungsarbeit bildeten sich bleibende Gefühlsbindungen untereinander und zu den Betreuern heraus und es zeigte sich ein starker Zusammenhalt der Gruppe: „Die zwölf Aggressiven waren zu einer homogenen Masse zusammengeschweißt, die nicht mehr größere Schwierigkeiten machte als jede andere Gruppe" (Aichhorn, 1957, S. 152). Die praktizierte Milde und Güte wurde von den Jungen internalisiert, d.h. in ihre Bedürfnisdisposition übernommen und sie ermöglichte ihnen die Eigensteuerung des Verhaltens. Entscheidende Faktoren für das Gelingen des Experiments waren sicher – neben den Spiel- und Beschäftigungsprogrammen und der Gestaltung der Aussprachen, die leider nicht näher beschrieben werden – die überzeugende Persönlichkeit und die äußerst geduldige und einfühlsame Erziehungsarbeit von August Aichhorn; der Übertragung seines Vorgehens sind deshalb enge Grenzen gesetzt.

Massive Gegenaggression als Antwort auf provokative Aggressionen

A. S. Makarenko hatte sich in seiner Gorki-Kolonie die Aufgabe gestellt, straffällig gewordene Jugendliche zu resozialisieren. Er berichtet einen Vorfall aus den Anfangsjahren dieser Kolonie, bei dem er den monatelangen provokativen Aggressionen seiner Zöglinge mit einer massiven einmaligen Gegenaggression gegenübertrat. Durch die Konflikte restlos zermürbt und am Ende seiner psychischen und physischen Kräfte, schlug Makarenko – der Verzweiflung nahe – dem Jugendlichen Sadorow, der ihm körperlich weit überlegen war, dreimal mit voller Gewalt ins Gesicht. Von diesem Moment an vollzog sich im Verhältnis zu Sadorow und zu den anderen Zöglingen, die diese Szene miterlebt hatten, ein entscheidender Wandel. Sadorow entwickelte sich zu einer Stütze der Gemeinschaft; Makarenko äußerte sich in der Folgezeit begeistert über ihn. Makarenko schreibt die Wirkung dieser Gewalt-Maßnahme nicht dem Zufügen von Schmerz oder der Erzeugung von Angst zu, sondern dem vollen Einsatz seiner Person, den die Jugendlichen spürten: „In der ganzen Geschichte sahen sie nicht die Schläge, sie sahen nur den Zornesausbruch eines Menschen. Außerdem wissen sie ganz genau, daß ich auch ohne Schläge ausgekommen wäre; ich hätte Sadorow als unverbesserlich der Kommission zurückschicken und ihnen viele große Unannehmlichkeiten bereiten können. Aber ich tat es nicht. Ich beging eine für mich gefährliche Tat, handelte aber wie ein Mensch und nicht wie ein Formalist" (Makarenko, 1950, S. 26). Makarenko, der — von seinem Erziehungsverständnis her — in Körperstrafen kein geeignetes pädagogisches Mittel sah, war sich klar darüber, daß sich sein Verhalten nur deshalb so positiv auf das Zusammenleben in der Koloniegemeinschaft auswirken konnte, weil es ein einmaliger Vorgang war und weil die Jugendlichen merkten, daß er mit seiner Kraft am Ende war. Das Beispiel eignet sich sicher nicht als Verhaltensangebot an Erzieher. In einer Ausnahmesituation wurde zu extremen Mitteln gegriffen; der Erfolg kann nicht losgelöst von der Person des Erziehers gesehen werden.

14.2. Unkritischer Gehorsam und Aggression

Der Massenmörder Adolf Eichmann versuchte die physische Vernichtung von sechs Millionen Juden während des Dritten Reiches damit zu rechtfertigen, daß er als Angehöriger einer Gruppe nur seine *Pflicht* getan habe. Ist der unkritische Gehorsam gegenüber Autoritäten eine menschliche Reaktion bei der moralische Maßstäbe und menschliches Mitgefühl nicht mehr zählen?

Experimente von Stanley Milgram und Thomas Moriarty

Stanley Milgram (1963) führte an der Yale-Universität ein sozial-psychologisches Laboratoriums-Experiment zur Untersuchung der Gehorsamsbereitschaft von Versuchspersonen durch, die von einer Autoritätsperson den Befehl bekamen, einem anderen Menschen Schmerz zuzufügen. Ähnliche Experimente machte man mittlerweile auch außerhalb der USA, so zum Beispiel in der Forschungsstelle für Lernverhalten des Max-Planck-Institutes in München.
Milgram wählte für seine Untersuchung 40 Männer zwischen 20 und 30 Jahren aus unterschiedlichen Berufsgruppen aus. Eine Vergütung von 4,5 Dollar pro Versuchsperson war lediglich an die Bedingung des Erschei-

nens des betreffenden Probanden im Labor geknüpft und nicht etwa an seine aktive Teilnahme an dem vorgesehenen Experiment.

Zur Verheimlichung des eigentlichen Zwecks des Versuchs, wurde eine plausible Begründung vorgeschoben. Den Probanden wurde in diesem Zusammenhang mitgeteilt, daß sie an einem Forschungsprojekt zur Erkundung der Wirkung von Strafen auf den Lernerfolg einer weiteren Versuchsperson teilnähmen. Die Probanden sollten als „Lehrer" agieren und sie wurden angewiesen, den ins Experiment eingeweihten „Lernenden", für falsche Antworten auf die Fragen eines Lerntests, mit Elektroschocks zunehmender Stärke zu bestrafen. Bei jeder falschen Antwort des „Lernenden" sollten die „Lehrer" auf der Spannungsskala des Schock-Generators einen Strich höher gehen und dabei die jeweils eingestellte elektrische Spannung laut angeben.

In Wirklichkeit wurde durch die Betätigung des Schalters kein Elektroschock verabreicht, was die „Lehrer" jedoch nicht wissen konnten, weil der „Lernende" – ein Mitarbeiter von Milgram – Schmerzreaktionen simulierte.

Die Experimentatoren gingen zunächst von der Vermutung aus, daß nur wenige „Lehrer" bis zur höchsten und damit schmerzhaftesten Schockstufe gehen würden. Es stellte sich jedoch heraus, daß keiner der Probanden den Versuch beendete, bevor das Schockniveau von 300 V erreicht war, bei dem das „Opfer" für den „Lehrer" hörbar gegen die Wand des Raumes, in dem es an einen „elektrischen Stuhl" geschnallt war, hämmerte. Fünf der vierzig Versuchspersonen lehnten es ab, dem Befehl des Versuchsleiters über das 300 V-Niveau hinaus zu gehorchen. Vier weitere verabreichten noch einen Elektroschock von 315 V, zwei Probanden hörten bei 330 V auf und je einer beendete das Experiment bei 345 V, 360 V und 375 V. Insgesamt weigerten sich also 14 Versuchspersonen (35 %) über eine elektrische Spannung von 300 V hinauszugehen; die restlichen gehorchten dem Versuchsleiter bis zum offiziellen Abbruch des Experiments. Sie gehorchten einem Mann, dessen Autorität ausschließlich im Ansehen seines Berufes und in seiner Stellung als Versuchsleiter bestand.

Viele „Lehrer" zeigten während des Versuchs Streßerscheinungen; sie schwitzten, zitterten, stotterten, stöhnten und bissen sich auf die Lippen, es traten auch regelmäßig nervöse Lachanfälle auf. Bei den Reaktionen nach Abschluß des Experimentes waren Nervosität und Bedauern, aber auch Erleichterung und relative Gelassenheit zu erkennen.

Für Milgram (1974) zeigte das Versuchsergebnis, wie ganz normale Durchschnittsmenschen, die keinerlei persönliche Feindseligkeit gegen die Opfer empfinden – indem sie eine gestellte Aufgabe erfüllen – zu Handlangern in einem grausamen Prozeß der Vernichtung werden können.

In einer Variante des Grundexperimentes befand sich das „Opfer" im gleichen Raum und war damit im Blickfeld des „Lehrers"; dabei sank die Gehorsamsbereitschaft auf 40 %. Je stärker also das „Opfer" in das Bewußtsein

– und damit ins Gewissen – des Probanden rückt, desto niedriger ist die Bereitschaft zum Gehorsam. Der amerikanische Psychiater Robert Jay Lifton (1973) konnte durch Interviews mit Bomberpiloten während des Vietnamkrieges gewisse Parallelen zu diesen Befunden feststellen: Mit zunehmender Flughöhe nahmen die Schuldgefühle der Piloten ab.

Die Wiederholung des Experiments von Milgram am Max-Planck-Institut in München ergab, daß 86 % der Probanden aus den verschiedensten Sozialschichten bereit waren, ihren „Opfern" tödliche Elektroschocks zu verabreichen (Mantell, 1972).

Es muß bezweifelt werden, ob sich aus den Experimenten Milgrams auf Situationen des realen Lebens schließen läßt. Der Versuchsleiter war nicht nur Autoritätsperson, sondern er trat auch als Repräsentant einer der angesehensten Universitäten der USA auf. „In Anbetracht der Tatsache, daß die Wissenschaft in der heutigen Industriegesellschaft weitgehend als der höchste Wert angesehen wird, ist es für den Durchschnittsbürger schwer zu glauben, daß das, was die Wissenschaft befiehlt, falsch oder unmoralisch sein könnte" (Fromm, 1977, S. 71).

Im Gegensatz zu Milgram empfindet Fromm, die bei den Versuchspersonen während des Experiments entstandene hochgradige Erregung und Spannung als durchaus „normal". Spannung in Form von verstärktem Streß, neurotischen Symptomen oder Schuldgefühlen entsteht bei der Verdrängung von Konflikten; d.h. in diesem Fall bei der Verdrängung des Konfliktes zwischen dem Prinzip der Vermeidung von Grausamkeit und dem Prinzip des Gehorsams (Fromm, 1977, S. 71).

Abschließend noch einige Folgerungen, die sich aus den Untersuchungsbefunden ziehen lassen:
– Die Ergebnisse der Milgram-Experimente sind mit der Annahme eines autonomen Aggressionstriebes nicht vereinbar.
– Beim Menschen kann durch unkritische Beziehungen zu Autoritäten das Gefühl für persönliche Verantwortung leiden. In diesem Zusammenhang können auch inhumane Handlungen als legitim erscheinen.
– In hierarchischen Ordnungssystemen empfinden sich Menschen unter bestimmten Bedingungen als die ausführende Kraft anderer Menschen. Milgram spricht in diesem Zusammenhang vom „Agens-Zustand". In diesem Agens-Zustand ist ein Mensch besonders empfänglich für die Vorschriften, die ihm eine ranghöhere Person macht und u.U. ist er bereit, sein Gewissen zu verleugnen und seine Menschlichkeit abzulegen. Dies ist nach Milgram (1974, S. 5) „ein fataler Defekt, den die Natur uns Menschen eingebaut hat." Er empfiehlt deshalb, Vorschriften von Machthabern gegenüber grundsätzlich skeptisch zu sein. Pädagogische Konsequenz daraus ist die Forderung einer Erziehung zu *kritischem* Gehorsam.

Wahrscheinlich sind wir alle manipulierbarer und auch bereits manipulierter als wir glauben. Nach den Ergebnissen von Experimenten, die der Sozialpsychologe Thomas Moriarty während mehrerer Jahre an der New York University durchführte[1], verhielt sich die große Mehrheit seiner Versuchspersonen Störungen und unverschämten Eingriffen in ihre Persönlichkeitsrechte gegenüber passiv; sie zeigten sich als hilflos manipulierbare Opfer. Eines der Experimente wurde so gestaltet: Ein instruierter Mitarbeiter des Experimentators sprach zwanzig Männer an, die in einer Telefonzelle telefoniert hatten. Er erklärte, daß er diese Telefonzelle kurz vorher auch benutzt und einen Ring verloren habe und sagte: „Haben Sie den Ring gefunden? ... Sind Sie sicher, daß Sie ihn nicht gesehen haben? Manchmal steckt man etwas ein, ohne daß man sich dessen richtig bewußt wird ... Dann zeigen Sie mir doch mal, was Sie in Ihren Taschen haben." Von den zwanzig Personen leerten sechzehn – also 80 Prozent – bereitwillig die Taschen. Ein Mann ging unter Protest weg, die restlichen drei waren höflich, aber sie weigerten sich, ihre Taschen zu leeren. Dieser Versuch wurde von Moriarty in verschiedenen Variationen noch ungefähr fünfzigmal durchgeführt; das Ergebnis blieb stets fast gleich.

Pädagogische Gesichtspunkte

Wie läßt sich nun eine Erziehung zu kritischem Gehorsam praktisch durchführen?

– Geben Sie Ihrem Kind gegenüber zu, wenn Sie eine seiner Fragen nicht beantworten können.

– Stärken Sie die Selbständigkeit und Selbstverantwortung Ihres Kindes. Übertragen Sie ihm kindgemäße Aufgaben. Loben Sie es für erbrachte Leistungen. Zeigen Sie Verständnis, wenn es ein Problem nicht lösen kann. Ermuntern Sie es zu weiteren Anstrengungen. Fördern Sie das Vertrauen des Kindes in seine eigenen Fähigkeiten.

– Die Ausbildung des Über-Ichs erfolgt im wesentlichen durch Internalisierung der elterlichen Ge- und Verbote.
Begründen Sie Ge- und Verbote, die Sie aufstellen, dem Kind gegenüber sinnvoll.

– Erarbeiten Sie nach Möglichkeit Ge- und Verbote unter Mitwirkung Ihres Kindes; dadurch wird ihre Einhaltung erleichtert.

– Beschränken Sie die Zahl der Reglementierungen auf das notwendige Minimum. Zuviele Ge- und Verbote engen den entwicklungsnotwendigen Freiraum des Kindes zu stark ein; das Kind verliert die Übersicht. Die Einhaltung zuvieler Ge- und Verbote ist von der jeweiligen Erziehungsperson

[1] „psychologie heute", Nr. 10/1975, S. 27

nicht mehr kontrollierbar. Stellen Sie doch zum Beispiel einmal die wertvolle Vase in den Laufstall und überlassen Sie den Wohnzimmerteppich Ihrem Kind.

– Setzen Sie sich mit kritischen Äußerungen Ihres Kindes ernsthaft auseinander.

– Denken Sie bitte daran: Unkritischer Gehorsam, den Sie anderen Menschen gegenüber zeigen, kann von Ihrem Kind auf dem Wege des Modell-Lernens übernommen werden.

14.3. Rivalität zwischen Geschwistern

Jedes Kind wird durch seine Stellung innerhalb der Familie geprägt. In diesem Zusammenhang ist es von zentraler Bedeutung, ob jemand als einziges Kind einer Familie oder ob er zusammen mit Geschwistern aufwächst. Obwohl vieles dafür spricht, daß die Geschwisterbeziehung eine unausweichliche Bindung für das ganze Leben darstellt, interessierte sich die psychologische Forschung bisher erheblich stärker für das Eltern-Kind-Verhältnis als für die Interaktionen bei Geschwistern.

Über vier Millionen Mädchen und Jungen wachsen in der Bundesrepublik Deutschland ohne Geschwister auf; etwa sechs Millionen Familien haben zwei oder mehr Kinder.

Die persönliche Entwicklung eines Menschen wird auch davon beeinflußt, als wievieltes Kind einer Familie er zur Welt kam; außerdem ist es von Bedeutung, ob jemand nur gleichgeschlechtliche Geschwister hat oder ob er mit Bruder und Schwester zusammenlebt. Aus jeder Geschwisterposition ergeben sich besondere Chancen – aber auch Gefahren – für Glück und Erfolg auf dem Lebensweg. Es gibt Geschwister, die Freunde werden und bleiben und es gibt andere, die sich ein Leben lang aus tiefster Seele verachten.

Einzelkinder haben vor allem Umgang mit ihren Eltern und verstehen es häufig besser als andere Kinder auf Erwachsene einzugehen und diese für sich zu gewinnen. Sie wollen – wie zu Hause – auch außerhalb der Familie im Mittelpunkt stehen und stärkere Anerkennung finden; sie legen Wert auf Sonderbehandlung. Daher wirken Einzelkinder auf andere Kinder häufig als Streber oder Egoisten. Auf Grund ihrer familiären Erfahrungen sind sie weniger gut auf Kontakte mit altersnahen Personen vorbereitet. Einzelkinder suchen eher Beziehungen mit Älteren oder Menschen, die ihnen väterlich oder mütterlich entgegenkommen.

Jedes erste Kind in einer Familie ist zunächst einmal Einzelkind. Die Eltern – in der Erziehung in der Regel noch unsicher, ängstlich und unerfahren –

kümmern sich um ihr erstes Kind besonders intensiv. Es erhält meist viel elterliche Zuwendung und Aufmerksamkeit, aber auch Strenge, und es ist stark
auf seine Eltern als Autoritätspersonen fixiert.

Wenn ein Geschwisterchen kommt, wird aus dem Einzelkind ein Erstgebore-
nes, das plötzlich nicht mehr im Mittelpunkt des elterlichen Interesses steht
– Eifersucht auf das Baby ist die Folge. Das erstgeborene Kind fühlt sich ent-
machtet und setzt alles daran, seine ursprüngliche Stellung zurückzuerobern.
Ein möglicher Hilferuf nach mehr Zuwendung kann etwa darin bestehen, daß
das Erstgeborene plötzlich wieder Verhaltensweisen zeigt, die – gemessen am
aktuellen Entwicklungsstand – bereits überwunden worden waren; es kann
zum Beispiel wieder einnässen, obwohl es bereits längere Zeit „sauber" war.
Im tiefenpsychologischen Sprachgebrauch spricht man in einem solchen Fall
von „Regression".

Wenn Eltern solche indirekten Hilferufe ihres Erstgeborenen nicht verstehen
oder übersehen, greift es häufig zu aggressiven Mitteln, um sich seine Rechte
wieder zu sichern. Der „verhaßte Eindringling" wird mitunter physisch attackiert und dabei nicht selten verletzt. Oft wird der Angreifer dafür hart bestraft; statt der gesuchten Geborgenheit und Anerkennung erfährt er
Ablehnung und wird dadurch noch stärker isoliert. Depressive Verstimmun-
gen, Ängstlichkeit und Minderwertigkeitsgefühle sind die Folge. Da das erstgeborene Kind aber meist zu schwach ist, um sich im Rivalitätskampf um die
Gunst der Eltern durchzusetzen, paßt es sich erzwungenermaßen den elterlichen Normen an – nach außen erscheint es brav.

Altersunterschiede haben auf die Geschwisterbeziehung erheblichen Einfluß.
Ein jüngeres Geschwister, das nur ein oder zwei Jahre nach dem älteren gebo-
ren wird, erlebt das ältere als einen Konkurrenten um die Aufmerksamkeit
und die Zuwendung der Eltern. Wenn der Altersunterschied zwischen den
beiden drei oder vier Jahre beträgt, so fühlt sich das ältere Geschwister vor
allem in seiner Machtausübung und Kontrolle über die Eltern beeinträchtigt.
„Futterneid" und Befriedigung seiner Zärtlichkeitsbedürfnisse spielen in der
Regel keine so große Rolle mehr. Beträgt der Altersunterschied zwischen „be-
nachbarten" Geschwistern sechs oder mehr Jahre, wird das ältere durch das
jüngere oft kaum mehr beeinflußt (Tomann, 1980).

Das zweite Kind in einer Familie wird meist weniger streng erzogen als das
erste; die Eltern sind nicht mehr so unsicher und verhalten sich toleranter und
wohlwollender. Dieses Verhalten der Eltern schürt häufig die Rivalität zwischen den Geschwistern. Regelrechte Machtkämpfe im Kinderzimmer sind
keine Seltenheit. Zweite Kinder in einer Familie entwickeln sich, wenn sie
den Kampf um die Gunst der Eltern gewinnen und wenn sie keine Geschwister mehr bekommen, meist zu unabhängigen Erwachsenen mit ausgeprägtem
Selbstbewußtsein.

Die komplizierteste Position innerhalb einer Geschwisterreihe nimmt das mittlere Kind ein – gelegentlich bezeichnet man solche Kinder als „Sandwich-Kinder". Vor ihm steht das stärkere Geschwister, nach ihm kommt das Nesthäkchen, dem meist besonders viel Freiheiten eingeräumt werden und das nicht selten sogar ausgesprochen verwöhnt wird. „Mittelkinder" möchten zum einen dem älteren Geschwister nachstreben, das bereits mehr kann und altersbedingt mehr Rechte hat, zum anderen möchten sie aber auch so umsorgt werden wie das Nesthäkchen. Um die Anerkennung der Eltern zu erhalten und um von den Geschwistern nicht unterdrückt zu werden, müssen „Sandwich-Kinder" ihre Fähigkeiten optimal ausschöpfen; häufig sind sie besonders aggressiv und haben später größere Probleme mit Eltern und Vorgesetzten. Das mittlere Kind braucht besonders viel Aufmunterung und Zuspruch der Eltern und es sollte – wie *jedes* Kind – das Gefühl vermittelt bekommen, um seiner selbst willen geliebt zu werden.

Nesthäkchen machen oft die Erfahrung, daß sie sich ihren Geschwistern gegenüber fast alles erlauben können und mit liebevollem Trost der Eltern belohnt werden, wenn sie bei Streitigkeiten nur kräftig weinen und den anderen Geschwistern die Schuld an diesen Tränen zuschieben – eine Taktik die nicht selten ein Leben lang beibehalten wird.

Kinder streben nach der Aufmerksamkeit und Anerkennung ihrer Eltern – notfalls *kämpfen* sie um gerechte Behandlung und elterliche Gunst. Rivalitäten unter Geschwistern – sofern sie sich in Grenzen halten – sind normal; Kinder lernen dadurch berechtigte Wünsche durchzusetzen und auf unberechtigte zu verzichten. Was wie Rivalität aussieht, verdeckt oft aber auch ganz andere Gefühle – etwa das Bedürfnis nach einer intensiveren Beziehung zu Bruder oder Schwester.

Der amerikanische Psychologe Victor Cicirelli meint, daß Rivalität in Geschwisterbeziehungen als latentes Gefühl immer vorhanden ist. „Er vermutet, daß es so etwas wie eine Balance zwischen funktionalen und dysfunktionalen Aspekten der Geschwisterbeziehung gibt, die sich – auf eine einfache Formel gebracht – in dem Widerspruch ‚Solidarität kontra Rivalität' ausdrückt. Er hält dieses Haß-Liebe-Prinzip für einen lebenslangen dialektischen Prozeß, der im Erwachsenenalter entweder zu einer reifen Beziehung führt, in der jeder autonom bleibt, oder zum genauen Gegenteil" (Adams, 1982, S. 29).

Wenn Konflikte nicht ausgetragen werden, weil Eltern ihren Kindern jeden Streit und jede Auseinandersetzung verbieten, kann es zu gegenseitiger Ablehnung zwischen den Geschwistern kommen.

Vermeiden Sie es, sich in Streitigkeiten Ihrer Kinder einzumischen, deren Entstehung Sie selbst nicht erlebt haben. Ergreifen Sie möglichst nicht die Partei eines Kindes, weil Sie dabei meist den anderen unrecht tun. Achten Sie darauf, keines Ihrer Kinder zu bevorzugen.

14.4. Strafe als problematisches Erziehungsmittel

Strafen, hilft das?

Beispiel: Markus ist im Kindergarten aggressiv. Er stört und schlägt die anderen Kinder. Die Mutter sagt zur Erzieherin: „Geben Sie ihm einfach ein paar hinter die Ohren, wenn er frech wird. Ich mache das zu Hause auch. Das hilft ganz schnell".
Durch Strafe wird aggressives Verhalten unterdrückt, aber nicht aufgehoben. Markus wird an anderer Stelle, zu anderen Gelegenheiten, seine Aggression ausüben.
„Bestrafung besteht in der Hinzufügung einer unangenehmen Konsequenz auf ein Verhalten. Bestraftes Verhalten wird sofort seltener" (Lorenz, R. u.a., 1976). Damit wird erklärt, warum Erzieher oftmals Strafen einsetzen: Strafe garantiert prompten „Erfolg". Häufig muß man jedoch erfahren, daß dieser Erfolg nicht von Dauer ist. Das unerwünschte Verhalten wird nicht verlernt, sondern nur zeitweise unterdrückt. Wenn erwünschtes Verhalten nicht gleichzeitig aufgebaut wird, lernt der Bestrafte nur, wie er sich der Strafe entziehen kann − etwa durch Vermeidungs- oder Fluchtverhalten. Durch Flucht wird eine Situation beendet, in der man bestraft wird. Vermeidungsverhalten zeigt jemand, der frühzeitig erkennt, daß eine Bestrafung erfolgen wird; damit die unangenehme Situation gar nicht erst eintritt, geht er ihr aus dem Weg.
Strafen können Angst, aber auch Aggression auslösen; zudem erzieht Strafe eher zu Anpassung und Unterordnung als zu Selbständigkeit und Mündigkeit.
Paradoxerweise kann Strafe auch als Belohnung empfunden werden. Da negative Zuwendung besser ist als gar keine, kann der Bestrafte lernen, daß er durch sein auffälliges Verhalten die erwünschte Aufmerksamkeit des Erziehers bekommen kann.
Nach Angaben der Aktion „Das sichere Haus" (DSH) werden Jahr für Jahr in der Bundesrepublik Deutschland rund 1000 Kinder totgeprügelt. Etwa 30.000 Fälle von Kindesmißhandlung werden von der Polizei erfaßt.[1]
Viele Eltern sehen die körperliche Züchtigung leider immer noch als eine vertretbare Erziehungsmaßnahme an. Zum Beispiel gaben bei einer Befragung, die in Bayern durchgeführt wurde, 55 % der Jungen und 37 % der Mädchen an, daß sie von ihren Eltern gelegentlich verprügelt würden (Weber, 1966, zit. nach Belschner, 1971, S. 88).
Meist wurden die Eltern, die Körperstrafen praktizieren, als Kinder von ihren

---

[1] „DIE WELT" Nr. 124 vom 31. Mai 1983

Erziehern auch geschlagen. Bei körperlichen Strafen sind alle Auslösefaktoren für das Lernen aggressiven Verhaltens durch den Bestraften gegeben:

...Körperstrafen werden vom Bestraften als Frustration erlebt.

...Der Bestrafte lernt durch Beobachtung.

...Körperstrafen erzeugen meist Angst; ängstliche Menschen imitieren stärker als selbstbewußte.

...Lernen am Erfolg; der Strafende stellt für den Bestraften ein *„erfolgreiches"* Modell dar.

Auf diese Weise kann sich Strafe als Erziehungsmittel sozusagen „vererben". Ob der Vater auf der Karikatur der Abb. 3 das weiß?

„Dies wird dich lehren, andere Leute nicht zu schlagen"

Abb. 3: Prügeln durch Prügel austreiben?
Quelle: Mietzel, 1975, S. 231

Selbst Eltern geworden, sagen viele Menschen den eigenen Kindern immer wieder: „Mein Vater war auch sehr streng, und es hat mir nicht geschadet!" Tiefenpsychologisch gesehen handelt es sich dabei um eine „Rationalisierung", um das verstandesmäßige Rechtfertigen eines Verhaltens mit „vernünftigen" Argumenten, um die wahren Gründe auf diese Weise zu vertuschen.

Wenn Strafmaßnahmen unvermeidlich erscheinen . . .

Strafen wirken verunsichernd und können beim Bestraften Ohnmachtsgefühle erzeugen. Sie sollten nur eingesetzt werden, wenn Verhaltensweisen rasch unterbunden werden müssen, weil unmittelbare Gefahr für den besteht, der dieses Verhalten zeigt (z.B. bei starker Selbstaggression) oder, weil diejenigen gefährdet sind, gegen die sich dieses Problemverhalten richtet und wenn durch Unterdrückung des Störverhaltens überhaupt erst die Möglichkeit geschaffen wird, andere erzieherische Maßnahmen einzuleiten. Strafmaßnahmen sollten nur praktiziert werden, wenn gleichzeitig Alternativverhalten verstärkt wird. Die Unterbindung des Problemverhaltens sollte also vor allem dazu dienen, erwünschtem Verhalten eine größere Chance zu bieten.

- Strafen müssen klar begründet und dem Bestraften einsichtig gemacht werden.
- Strafen sollten der „Tat" auf den Fuß folgen und müssen konsistent sein.
- Das Ausmaß der Sanktionen muß in einem adäquaten Verhältnis zum gezeigten Problemverhalten stehen; Bestrafungen müssen fair sein. Kollektivstrafen sind ebenso abzulehnen wie das exemplarische Bestrafen einzelner.
- Sanktionen dürfen sich niemals auf „böse *Absichten*" beziehen, sondern allenfalls auf direkt beobachtetes Stör*verhalten*. Ein bloßer Verdacht oder das „Anschwärzen" durch andere rechtfertigt nicht den Einsatz von Strafe.
- Durch Sanktionen darf die Würde des Bestraften nicht beeinträchtigt werden; Bloßstellen oder „an den Pranger stellen" sind abzulehnen.
- Allgemein kann gesagt werden: Sanktionen durch den Entzug positiver Verstärker sind der Bestrafung durch aversive Konsequenzen vorzuziehen.

Eine häufig praktizierte Bestrafung ist die Entfernung des „Störenfrieds" aus der sozialen Situation, die auch als „time-out" bezeichnet wird. Oft wird diese Sanktion vom Bestraften als Verstärkung empfunden; zudem hat er während der Isolierungszeit keine Möglichkeit angemessenes Verhalten zu zeigen und dafür verstärkt zu werden. Für Lehrer und Ausbilder stellt sich in diesem Zusammenhang auch das Problem, wie sie in der Zeit des Ausschlusses ihrer Aufsichtspflicht nachkommen können.

Mißbilligungen sollten nur in Form von begründeten Zurechtweisungen ausgesprochen werden, die für die anderen Gruppenmitglieder nicht hörbar sind. Ähnlich, wie Befehle und Verbote, führt auch lautes Ermahnen oder Tadeln vor der Gruppe zu einer Steigerung des Störverhaltens (MacMillan, 1975).

Mögliche Alternativen

- Da zur Selbständigkeit und nicht zur Unterordnung erzogen werden soll, ist eine partnerschaftliche Gesinnung des Erziehers von grundlegender Bedeutung.
- Häufige Gespräche zwischen Erzieher und Zögling sind ein wichtiges Mittel, entsprechende Einsichten zu fördern.
- Ursachen von Erziehungskonflikten sollten direkt angesprochen und nicht „unter den Teppich gekehrt" werden.
- Von großer Relevanz für den Erziehungsprozeß ist es, eigene Erfahrungen der Kinder und Jugendlichen zuzulassen.
- „Natürliche" Folgen von Verhaltensweisen können wirkungsvoll als Erziehungsmittel eingesetzt werden. Psychologisch gesehen besteht ein großer Unterschied, ob ein Ausbilder zum Beispiel sagt: „ Zur Strafe dürft Ihr heute den angekündigten Film nicht sehen", oder ob die Jugendlichen erleben, daß − etwa durch Trödeln beim Aufräumen der Werkstatt − keine Zeit mehr für die Vorführung des Filmes bleibt.
- Wer versucht, unerwünschtes Verhalten nicht zu beachten und erwünschtes Verhalten − sobald es gezeigt wird − zu loben, sorgt dafür, daß die unangepaßten Verhaltensweisen infolge Nichtverstärkung von selbst seltener werden.

14.5. Vorbildwirkung des Erziehers

Destruktivität und Feindseligkeit im menschlichen Verhalten sind häufig auf Erziehungsfehler zurückzuführen. Aggressives Verhalten kann als Folge von vermeidbaren pädagogischen Fehlgriffen auftreten; aus ihrer Kenntnis ergeben sich damit Orientierungshilfen für eine verantwortungsbewußte kindgemäße Erziehung.

Es ist eine fundamentale pädagogische Erfahrung, daß Erziehung wesentlich mehr durch das bewirkt wird, was man *ist,* als durch das was man *will;* ebenso wie es nicht nur auf das ankommt *was* man sagt, sondern wesentlich auch darauf, *wie* man es sagt. Damit ist Selbsterziehung die Voraussetzung für erzieherische Einwirkung auf andere. Es ist eine Binsenweisheit, daß man mit Absichten allein nicht erziehen kann.

Die Erziehung eines Kindes ist eine der schwierigsten Aufgaben, die sich ein Mensch stellen kann. Nervosität, Reizbarkeit, Ängstlichkeit und soziale Unangepaßtheit des Erziehers sind schlechte Voraussetzungen, um seelisch gesunde Kinder zu erziehen; nötig wären in diesem Zusammenhang emotionale Ausgeglichenheit, Geduld und echte Hingabe an die Sache.

Da negative erzieherische Einflüsse oft schon in der frühesten Kindheit wirksam sind, kann bei oberflächlicher Betrachtung der Eindruck entstehen, aggressive Verhaltensbereitschaften seien angeboren und „vererbt", obwohl es sich bei näherem Hinsehen oft erkennbar um erworbene Strukturen handelt. Aggressivität ist in diesem Sinne die Antwort des Kindes auf erziehungs- und milieubedingte Mißlichkeiten.

Der wesentliche Teil der frühen Erziehungsarbeit wird in der Regel durch die Mutter geleistet. Ängstliche, nervöse, reizbare und aggressive Mütter sind meist nicht in der Lage, ihren Kindern „Nestwärme", Lebensmut und angemessene Sozialkontakte zu vermitteln. Daraus resultieren tiefgreifende Unsicherheit, Ängstlichkeit und sonstige Gestörtheit der Kinder, die wiederum bei den neurotischen Müttern schweres Unbehagen auslösen können. Damit hat sich der Kreis geschlossen; die Basis für Aggression in beiden Richtungen ist geschaffen.

14.6. Verwöhnung und erzieherische Härte als Fehleinstellungen

Verwöhnung maskiert sich oft als übergroße Liebe. „In Watte packen" ist eine schlechte Vorbereitung auf das Leben „in freier Wildbahn". Das Kind kann zuwenig eigene — auch negative — Erfahrungen machen und wird entmutigt; gleichzeitig entsteht ein extrem überhöhtes Anspruchsdenken. Hilfestellung wird bei anderen gesucht und mit Selbstverständlichkeit erwartet.

Wird das Kind aus der verzärtelnden erzieherischen Obhut entlassen, folgt Frustration auf Frustration. Für die unausweichlichen Mißerfolge, die das Leben bereithält, wird nur selten die eigene Ungeschicklichkeit als Ursache gesehen; meist schiebt man es auf die Mißgunst der Verhältnisse und die Feindseligkeit anderer Menschen. Das ehedem verwöhnte Kind sieht im anderen häufig den Widersacher oder gar den Feind und neigt, um die eigene Schwäche zu überdecken zur Herrschsucht, wo immer es Menschen gibt, die sich als Opfer eignen. Damit wird die Verwöhnung zur Quelle der Aggression. Der Gegenpol zur Verzärtelung ist die erzieherische Härte, die unbedingten Gehorsam und absolute Gefügigkeit verlangt und damit häufig den Eigenwillen des Kindes zerbricht. Wenn ein Kind gegen die erzieherischen Weisungen handelt, geht der autoritär-aggressive Erzieher meist davon aus, daß „böser Wille" vorliegt; daraus wird dann ein Recht auf Bestrafung hergeleitet.

Bei gewaltsamer Erziehung passen sich Kinder nur scheinbar an. Erlebte innere und äußere Vergewaltigung erzeugen Widerspenstigkeit und Trotz und erhöhen die Aggressionsbereitschaft. Gewalttätige Erzieher sollten an den zeitlos gültigen Satz Senecas denken: „Jede Roheit hat ihren Ursprung in einer Schwäche".

Kindesmißhandlungen – Schlagen, Treten, Einsperren oder das Strafen mit absoluter Nichtbeachtung – sind in der Regel nicht das Ergebnis einmalig auftretender Konflikte, sondern sie werden durch lang andauernde und früh entstandene Krisensituationen verursacht. Hilfe brauchen in diesem Zusammenhang nicht nur die gequälten Kinder, sondern auch deren Eltern, die häufig mit ihrer Lebenssituation völlig überfordert sind. Unsere Gesellschaft macht es heutzutage Eltern mit Kindern nicht eben leicht. Schon allein finanziell gesehen sind sie kinderlosen Ehepaaren gegenüber im Nachteil. Eltern, die wirtschaftliche Schwierigkeiten oder Alkoholprobleme haben, in Scheidung vom Ehepartner leben oder sehr isoliert sind, schlagen häufiger zu. Vielfach kommen sie selbst aus Familien, in denen Konflikte mit Gewalt „gelöst" wurden. Insgesamt gesehen ist Kindesmißhandlung jedoch *kein* schichtenspezifisches Problem.

Mißhandlung kann auch psychisch sein. In der Mittel- und Oberschicht entwickelt sich, parallel zum Phänomen der Mißhandlung durch Prügeln, zuweilen ein – differenziert eingesetzter – Mißbrauch der Sprache, um andere zu verletzen. Nicht selten werden bei den Kindern Schuldgefühle erzeugt, die tatsächlich schlimmer sein können als eine Ohrfeige. Ein Kind, das in einer Leistungssituation „versagt" und sich deshalb von seinen Eltern nicht mehr angenommen fühlt, gerät in einen Zustand des völligen Verlassenseins.

In vielen Fällen ist eine Familientherapie das Mittel der Wahl. Ziel muß es sein, das Zusammenleben der Familienmitglieder so zu verbessern, daß sich das Miteinander normalisiert. Dringend nötig sind die Schaffung und der verstärkte Ausbau von Beratungseinrichtungen als Anlauf- und Meldestellen für mißhandelnde Eltern.

14.7. Trotzen als Verweigerung der sozialen Einordnung

Trotzphasen – etwa im dritten Lebensjahr und in der Pubertät – sind nach Charlotte Bühler und anderen Autoren *notwendige* Stadien in der Ich-Genese des Menschen. Eine Reihe von psychologischen Forschungsergebnissen sprechen jedoch dafür, daß zum Beispiel die Phase der Ich-Entfaltung im dritten Lebensjahr keineswegs von einem Trotzen des Kindes begleitet sein muß. Diese Auffassung spiegelt sich etwa in dem bekannten Satz: „Zum Trotzen gehören immer zwei".

Trotz ist eine Form der Aggression. Wer auf die Bemühungen seines Kindes, die ausdifferenzierten Fähigkeiten und Fertigkeiten anzuwenden, mit Unverständnis antwortet, bei vergeblichen kindlichen Anstrengungen in einer Sache ungeduldig wird und auf kindliche Launen und gelegentliches Aufbegehren mit Unvernunft reagiert oder wer gar versucht, den Willen des Kindes mit Gewalt zu brechen, darf sich nicht wundern, wenn das Kind gegen ihn die Waffe des Trotzes einsetzt und damit − aus seiner seelischen Not heraus − die soziale Einordnung verweigert.

14.8. Erzieherische Konsequenzen

− Die Kenntnis der psychologischen Zusammenhänge eröffnet verbesserte Voraussetzungen zur Kontrolle von Aggressionen. Es geht nicht darum, aggressives Störverhalten zu billigen, sondern es psychologisch zu verstehen. Man kann ggf. dann damit rechnen, daß es auftritt und muß sich nicht überfallartig überraschen lassen. Wer weiß, was auf ihn zukommt, kann sich ein Konzept für sein Verhalten zurechtlegen.

− Die aussichtsreichste Maßnahme gegen Aggressionen ist, jene Bedingungen abzubauen, die ihre Entstehung fördern. Bestrebungen zur Überwindung der Anonymität und zur Förderung der Bereitschaft, soziale Verantwortung zu übernehmen, wären hier genauso zu nennen, wie Bemühungen zum Abbau übersteigerten Konkurrenz- und Leistungsdenkens.

− Erziehung kommt nicht völlig ohne Frustrationen aus. Durch Kombination mit geeigneten Ersatzbefriedigungen (Freundlichkeit, Ermutigung, Anerkennung, . . .) lassen sich unvermeidbare frustrierende Forderungen leichter hinnehmen.

− Die Einsicht in die Notwendigkeit und Rechtmäßigkeit von Frustrationen wirkt aggressionsmindernd; unbegründete oder gar willkürliche Frustrationen sind besonders belastend.

− Klar angekündigte und damit erwartete Frustrationen werden leichter ertragen als solche, die unerwartet über jemand hereinbrechen.

− Lassen Sie sich durch aggressive Äußerungen anderer nicht provozieren.

− Provokationssituationen kann man häufig durch Humor abschwächen; ein befreiendes Lachen kann die Lage entspannen.

- Strafe ist nur sinnvoll, wenn sie der Erziehung, nicht der Disziplinierung dient. Durch fehlende Einsicht beim Betroffenen können Rachegefühle und Präventiv-Aggression erzeugt werden.
- Machen Sie sich die aggressionsfördernde Wirkung von Beschimpfungen und ausfälligem Sich-gehen-Lassen bewußt.
- Reagieren Sie auf Gewalt nicht mit Gegengewalt, um nicht weitere Gewalt zu provozieren.
- Vermeiden Sie es, einen aggressiv Handelnden durch Nachgiebigkeit in seinem Verhalten zu bestärken; er lernt sonst, daß er mit Gewalt seine Ziele erreicht. Optimal wäre es, wenn jeder aus Erfahrung wüßte, daß er sich mit Gewalt nicht durchsetzen kann; wenn er jedoch darauf vertrauen könnte, mit friedlichen Mitteln Anerkennung zu erreichen.
- Bemühen Sie sich z.B. bei Kindern nicht-aggressives Verhalten zu fördern und es durch Anerkennung zu verstärken und kleinere Streitigkeiten zu übersehen. Durch konsequentes Ignorieren wird das unerwünschte Verhalten seltener und durch die Verstärkung wird das erwünschte Verhalten häufiger auftreten.
- Üben Sie selbst *aktiv* Freundlichkeit und erziehen Sie ihre Kinder, Schüler oder Auszubildenden durch geeignete Verstärkung ebenfalls zu diesem Verhalten.
- Schützen Sie Heranwachsende — so weit wie möglich — vor aggressiven Modellen in Film, Fernsehen und Comics.
- Vermeiden Sie es, das Leistungsprinzip zum Selbstzweck werden zu lassen. Übersteigertes Konkurrenzdenken kann so weit gehen, daß Feindbilder aufgebaut werden. Leistungsmotivation ist nach Heckhausen (1965, S. 604), „das Bestreben, die persönliche Tüchtigkeit in all jenen Tätigkeiten zu steigern und möglichst hochzuhalten, in denen man einen Gütemaßstab für verbindlich hält und deren Ausführung deshalb gelingen oder mißlingen kann." Muß man deshalb unbedingt besser sein als andere?

15. Konflikte und Aggression

15.1 Konflikte sind getragen von Aggressivität

Das Wort „Konflikt" leitet sich her vom lateinischen „confligere" (=zusammenstoßen, streiten, kämpfen). Konstruktive Konflikte führen – nachdem sie ausgetragen wurden – dazu, daß der konfliktauslösende Übelstand gemindert oder beseitigt wird. Wenn es nicht gelingt, die Konfliktursache zu beheben, spricht man von einem destruktiven Konflikt. „Da Konflikte ohne aggressive Haltungen oder Handlungen schwer vorstellbar sind, sind auch vermutlich alle konstruktiven Konflikte getragen von Aggressivität. Es kommt jedoch darauf an, wie sie sich artikuliert" (Lay, 1981, S. 197). In diesem Zusammenhang ist zudem an die Unterscheidung zwischen Gegner und Feind zu denken. Gegner spielen miteinander, sie hassen sich nicht, beneiden sich nicht und vor allem wollen sie sich nicht schaden; das Verhalten in einer solchen Beziehung wird wesentlich bestimmt durch libidinöse Einflüsse.

Wenn die Symptome eines Konfliktes nicht erkannt oder falsch interpretiert werden, spricht man von einem latenten Konflikt.

In der Erziehung und im menschlichen Zusammenleben ist der Verzicht auf die Befriedigung von Bedürfnissen unvermeidbar; Konfliktsituationen lassen sich deshalb nicht umgehen. Menschsein bedeutet im Regelfall, mit Konflikten leben zu müssen.

Leistungsstreß – wenn er ein gewisses Maß nicht übersteigt – kann durchaus gesund sein; Konfliktstreß hingegen zehrt an der physischen und psychischen Substanz und beeinträchtigt die Lebensfreude.

Für Lay (1981, S. 208) disponiert „jede Form mangelnder Selbstannahme ... zu Konflikten, weil ein solcher Mensch sich nahezu ausschließlich von seinem unkorrigierten Eigenbild her interpretiert, das ihm in der Kindheit anerzogen wurde. Die Konfliktdisposition liegt in der erhöhten Verwundbarkeit. Schon relativ geringfügige kritische Ausstände oder Mißerfolge werden als verletzend erfahren. Die Reaktion ist dementsprechend entweder aggressiv oder depressiv." Selbstannahme und Wille zur Veränderung sind Voraussetzungen dafür, sich selbst zu entwickeln und zu verwirklichen.

Welche Ziele im Umgang mit Konflikten sollten vor diesem Hintergrund angestrebt werden?

– Stärkung der Fähigkeit mit Konflikten zu leben (Konfliktfähigkeit, Konflikttoleranz).

– Verbesserung der Fähigkeit Konflikte beizulegen, d.h. Konflikte zunächst einmal genauer wahrzunehmen, sie wirklichkeitsnah einzuschätzen, ihre

Ursachen zu ergründen und Handlungen zu ihrer Beilegung zu planen.

In diesem Zusammenhang geht es auch darum,
– sich selbst besser zu verstehen und sich anderen besser verständlich zu machen,
– zu versuchen, das Verhalten anderer Menschen besser zu verstehen.

15.2 Tiefenpsychologische Deutung von Zorn, Wut, Haß und Neid

Zorn und Wut führen häufig dazu, daß Meinungsverschiedenheiten mit Schreien, Toben und gegenseitigen Beschimpfungen ausgetragen werden. Solche Verhaltensmuster sind Zeichen von Unbeherrschtheit, mangelnder Toleranz und Ungeduld. Wer solches Verhalten damit begründet, er sei eben *von Natur aus* ein Choleriker, erklärt damit nicht sein Verhalten, sondern bemäntelt es allenfalls und unterliegt dabei einer Selbsttäuschung.

Nach psychoanalytischer Sicht besteht die Ursache des Jähzorns darin, daß der betreffende Mensch in jungen Jahren, z.B. bedingt durch unterdrückendes und erniedrigendes Verhalten seiner Umgebung oder andere unselige Kindheitserfahrungen (Verwöhnung, Krankheit, ...), Minderwertigkeitsgefühle entwickelte; oft fühlte er sich von seiner Umgebung bedroht und hintergangen. Es wird nun versucht, durch ein angespanntes Geltungs- und Machtstreben diese Minderwertigkeitsgefühle zu kompensieren, wobei meist nur ein sehr labiler Gleichgewichtszustand erreicht wird. Darauf deutet die „allergische" und überzogene Reaktion (Schreien, Toben) solcher Menschen, wenn sie mit Kritik und Widersprüchen gegen ihre Meinung konfrontiert werden. „Miniaturtyrannen" verweisen gern auf ihr hitziges Temperament und versuchen damit ihr Verhalten zu rechtfertigen; nach tiefenpsychologischer Auffassung ist ihr Verhalten jedoch weitgehend davon bestimmt, daß sie sich an Schuldlosen für das rächen, was ihnen von ihrer Umwelt in Kindestagen widerfahren ist. Oft geht es bei jähzornig-aggressivem Verhalten jedoch nicht nur um die Kompensation von Minderwertigkeitsgefühlen, sondern auch um Angstkompensation; mit Wut- und Zornverhalten soll die eigene Ängstlichkeit verdeckt werden. Wut und Zorn wären also in diesem Sinne Reaktionen auf eigene Ängste; meist zielloses „Anrennen" gegen erlebte eigene Ohnmachtsgefühle bestimmten Schwierigkeiten gegenüber. Affekt-labile Menschen haben zudem in der Regel nur schwache emotionale Kontakte zu ihren Mitmenschen.

Die Gemütsregungen Wut und Zorn sind ebenso wie Feindseligkeit, Entrüstung und Verzweiflung Komponenten des Hasses. Haß enthält daneben auch Anteile von ausgeprägter Furcht und ist verknüpft mit dem Gefühl des Sichbedroht-Fühlens. Der hassende Mensch kann weder sich selbst noch seine Umwelt akzeptieren; er haßt andere *und* sich selbst.

Auch der Neid als Charakterzug entspringt nach tiefenpsychologischer Meinung einer seelischen Mangelsituation, er ist meist ebenfalls der Ausfluß intensiv erlebter Minderwertigkeitsgefühle.

15.3 Mensch ärgere dich nicht – Hilfe durch die rational-emotive Therapie

Auf potentiell aggressionsanregende Reize muß nicht zwangsläufig aggressiv gehandelt werden. Wie Sie wissen, gibt es Menschen, die z.B. auf die Beschimpfungen durch andere emotional und verhaltensmäßig gelassen reagieren können. „Es sind nicht die Dinge an sich, welche die Menschen in emotionale Verwirrung bringen, sondern die Art und Weise, wie sie diese Dinge sehen" (Epiktet). In diesem Zusammenhang stellt sich die Frage, inwieweit es möglich ist, aggressivem Verhalten dadurch vorzubeugen, daß mögliche Aggressionsanreger anders *bewertet* werden; etwa im Sinne des Weniger-wichtig-Nehmens oder des Weniger-persönlich-Nehmens.

Nach einer fundamentalen These der rational-emotiven Therapie (RET) – einer kognitiven Verhaltenstherapie, die von dem amerikanischen Psychotherapeuten Albert Ellis (1962, 1973) entwickelt wurde – führen *irrationale Ideen* in der Regel zu emotionalen Störungen. Solche irrationalen, manchmal geradezu abergläubischen Denkhaltungen sind häufig die Ursachen von Ärger und Wut.

Wie Sie sicher aus Ihrer Erfahrung bestätigen können, laufen Ärgerreaktionen oft nach folgendem Schema ab:

– Ein Sachverhalt oder das Verhalten eines Menschen wird als „richtig" oder „falsch" *definiert*. Beispiele: Es ist falsch, vernünftigen Argumenten nicht zugänglich zu sein, es ist falsch über andere Unwahres zu verbreiten, es ist falsch, jemanden zu benachteiligen.

Bedenken Sie:

Definitionen sind Abgrenzungen von Begriffen gegenüber anderen Begriffen. Über das, was richtig oder falsch ist, gibt es in der Regel verschiedene Auffassungen.

– Auf der Grundlage dieser Richtig-Falsch-Definitionen werden dann Forderungen aufgestellt: Jemand „müsse" sich so oder so verhalten bzw. er „dürfe nicht" in bestimmter Weise handeln.

Bedenken Sie:

Menschen haben Fehler und sie können deshalb unfair und ungerecht sein.

Oft ist etwas zwar bedauerlich, wenn aber die Umstände nicht geändert werden können, ist es besser, dies zu akzeptieren.

- „Katastrophisierende" Gedanken stellen sich ein: Etwas ist fürchterlich, schrecklich, entsetzlich, es ist eine Katastrophe, es ist nicht auszuhalten, ...

Bedenken Sie:
Ein unerfreulicher, frustrierender, unerwünschter Zustand ist sicher unangenehm, aber er ist keine Katastrophe.

- Andere Menschen werden wegen ihres Verhaltens „verdammt". Jemand wird z.B. als „hinterhältiges Subjekt", „dummer Hund", „blödes Schwein" bezeichnet.

Bedenken Sie:
Niemand ist ausschließlich gut und niemand ist nur böse. Jemand kann schäbig handeln; daß es sich deshalb um einen wertlosen und schlechten Menschen handelt, ist eine unzulässige Verallgemeinerung. Vermeiden Sie Etikettierungen. Trennen Sie zwischen Verhalten und Person. Ein Mensch, der Sie angelogen hat, ist deshalb noch kein Lügner.

Praktische Nutzanwendung

- Dinge müssen nicht anders sein als sie sind, nur weil Sie es sich wünschen.
- Verlangen Sie nicht, daß andere Menschen anders sind oder sein sollten, weil es für Sie vielleicht „schöner" wäre.
- Vergessen Sie nicht, daß Sie Ihre Emotionen durch Ihre Bewertung einer Situation weitgehend selbst bestimmen. Wenn Sie jemand ärgert, durchlaufen die betreffenden Reize den Filter Ihrer Kognitionen (Gedanken, Bewertungen).
Unsere Wahrnehmungen sind gesteuert von unseren Bedürfnissen und Gedanken (Selektivität der Wahrnehmung) und am Phänomen der optischen Täuschung sehen Sie z.B., daß wir die Dinge nicht so wahrnehmen wie sie in Wirklichkeit sind.
Gefühle und verhaltensmäßige Konsequenzen werden nicht durch bestimmte aktivierende Ereignisse ausgelöst, sondern durch unsere Interpretationen dieser Vorfälle, d.h. dadurch, daß wir diesen Ereignissen eine spezielle Bedeutung zumessen. Nicht eine bestimmte Person oder ein bestimmter Sachverhalt hat Sie „fuchsteufelswild" gemacht, sondern Sie haben sich – über Ihre entsprechenden Gedanken – selbst so stark in Erregung versetzt. Hier müssen Sie ansetzen.

15.4. Streit muß nicht trennen

– Streit kann ein eleganter verbaler Schlagabtausch sein. Streit kann jedoch
auch zu einem groben Gefecht führen; nachdem sich der „Pulverdampf"
verzogen hat, bleibt dann oft nur noch ein Scherbenhaufen zurück.
George Bach und Peter Wyden (1983), die seit Jahren Veranstaltungen
zum Erlernen fairen Streitens – sogenannte Streit-Trainings – anbieten,
vertreten die Auffassung: Streit kann zwar trennen, ein richtig ausgetrage-
ner Streit führt jedoch eher zur Festigung einer zwischenmenschlichen
Beziehung.
Stellen Sie sich als Kontrast einmal vor, Sie müßten mit einem Partner zusammenleben, der zu allem ja und amen sagt. Gegenseitige „Reibung"
kann auch „Funken" erzeugen, die – wenn sie überspringen – die Spontaneität und Lebendigkeit einer Beziehung positiv beeinflussen können.
– Richtig streiten heißt: Die Regeln der Fairneß achten – Beleidigungen
und „Tiefschläge unter die Gürtellinie" sollten tabu sein. Rufen Sie laut
„foul", wenn Ihr Streitpartner Sie unfair attackiert.
– Versuchen Sie, eigene aggressive Spannungen unschädlich abzureagieren
(Fäuste ballen, aufstampfen, starke körperliche Anstrengungen,...).
Wenn Sie in der Lage sind, sich auf Kommando – d. h. wenn Sie sich Ihr
Entspannungsignal gegeben haben – zu entspannen, können Sie den
Aggressionen anderer Menschen gelassener begegnen bzw. Sie können
gegebenenfalls eigene aggressive Gefühle soweit im Zaum halten, daß nicht
spontan-aggressives Verhalten daraus entsteht. Sie gewinnen dadurch Zeit
und Ruhe, sich ein der jeweiligen Situation angemessenes Handeln zu
überlegen.
– Fühlen Sie sich bei aggressiven Verhaltensweisen Ihrer Mitmenschen möglichst nicht persönlich gekränkt und beleidigt. Denken Sie daran, daß es
dem Aggressor häufig um die Durchsetzung *außeraggressiver* Ziele geht
und, daß – nach tiefenpsychologischer Sichtweise – Aggressionen „verschoben" werden können, d. h., daß Sie, stellvertretend für andere, als
Adressat für Gewalttätigkeiten fungieren können.
Zeigen Sie bei begründeten Ärger-Aggressionen Ihrer Mitmenschen Verständnis; sagen Sie, daß auch Sie sich in einer entsprechenden Situation
sehr ärgern würden.
Anerkennen Sie die (nicht-aggressiven) Qualitäten anderer Menschen.
– Fragen Sie sich, ob ein konkreter Anlaß es wert ist, sich darüber aufzure-
gen. Würde Sie ein ähnlicher Vorfall nach einem Jahr noch genauso irritieren?
– Wenn Sie – etwa durch zu wenig Schlaf – schon gereizt sind, ärgert Sie
u.U. bereits eine Fliege an der Wand. Vielleicht *wollen* Sie sich unbewußt

sogar aufregen, um sich als Leidtragender der „bösen" Umwelt zu erleben; „Sündenböcke" sollen von eigenem Fehlverhalten ablenken.

- Bemühen Sie sich, gegen Aggression und Unterdrückung durch andere, passiven Widerstand zu leisten, damit der Aggressor für sein Verhalten nicht belohnt wird.
- Das Befolgen der Maxime: „Angriff ist die beste Verteidigung", leitet oft eine Kettenreaktion der Gewalt ein.

Beschäftigen Sie sich gedanklich mit den Zielen, die Sie erreichen wollen und mit den Strategien, die Sie dabei anwenden können.

Versuchen Sie bezüglich Ihres Durchsetzungsverhaltens Alternativen zu finden. Streben Sie flexible Miniveränderungen an und verzichten Sie auf maximale Veränderungsforderungen.

- Nicht immer ist Reden Silber und Schweigen Gold. Sagen Sie offen, ehrlich und fair, was Ihnen nicht paßt oder was Sie ärgert.
- Führen Sie keine Auseinandersetzung ohne Ankündigung und Vorwarnung – sozusagen aus dem Hinterhalt. Verständigen Sie sich mit ihrem Partner auf einen Zeitpunkt, der Ihnen beiden paßt und sprechen Sie die Gesprächsdauer vorher ab.

Beschränken Sie sich auf die Mitteilung von Wahrnehmungen und Beschreibungen; vermeiden Sie Deutungen, Interpretationen und Analysen. Geben Sie Vermutungen nicht als Behauptungen aus.

- Wie Sie wissen, hat jeder Mensch seine „Achillesferse". Wenn Sie diesen wunden Punkt Ihres Streitpartners kennen, müssen Sie sich genau überlegen, ob Sie dort den „Hebel" ansetzen wollen; es könnten tiefe „Narben" zurückbleiben.
- Wenn ein Streit zu eskalieren droht...

Gewinnen Sie zeitliche und räumliche und damit auch psychische Distanz zum affekthaften Geschehen, indem Sie zum Beispiel zu Ihrem Kontrahenten sagen: „Offensichtlich sind wir im Augenblick beide nicht in der Verfassung, die Sache in Ruhe auszutragen. Wollen wir nicht – jeder für sich – bis morgen einmal über die Angelegenheit nachdenken? Vielleicht können wir dabei einen Weg finden, auf dem wir in dieser Sache weiterkommen können."

Statt sofort zornig auf einen Vorfall zu reagieren, können Sie sich etwas emotionale Distanz dadurch schaffen, daß Sie zunächst einmal auf zehn zählen.

Nach einer Pause, in der sich die Erregung etwas gelegt hat, kann man in einer sachlichen Atmosphäre über die Ursachen des Streits sprechen und man kann gemeinsam nach Lösungen für den Konflikt suchen und diese auf ihre Angemessenheit und ihre Durchführbarkeit hin bewerten.

Denken Sie in diesem Zusammenhang daran:

... Eigene Argumente prüfen

... Sachlich bleiben
... Schimpfworte vermeiden
... Gegenseitige Standpunkte festhalten

- Wenn jemand sehr wütend auf Sie ist und Sie anschreit, könnten Sie folgendermaßen vorgehen:
  ... Bestätigen Sie Ihrem Kontrahenten ruhig und selbstsicher: „Ich höre Sie und ich weiß, daß Sie zornig auf mich sind". Unter Umständen verringert sich dadurch die Aufregung des Wütenden bereits so weit, daß Sie über die Problematik reden können.
  ... Wenn Ihr Gegenüber weiter tobt, so sagen Sie selbstbewußt und eindringlich zu ihm: „Ich würde gerne mit Ihnen sprechen; ich kann es aber nicht, wenn Sie so brüllen. Wenn Sie sich beruhigt haben, stehe ich gerne zu einer Aussprache zur Verfügung." Diese Äußerung können Sie unter Einsatz der Technik „Schallplatte mit Sprung" solange wiederholen, bis sich die Wut des anderen gelegt hat. Hören Sie ihm anschließend aktiv zu, bevor Sie selbst Stellung beziehen. Sollte Ihr Gegenüber wieder rückfällig werden und Sie anschreien, können Sie wortlos weggehen und ihn stehenlassen.

- Zur „Zornentlastung" und Versachlichung eines Streits kann es auch beitragen, wenn Sie einem unbeteiligten, Ihnen freundschaftlich gesonnenen Dritten den Anlaß und den Hergang Ihrer Wut-Entwicklung erzählen.
- Vermeiden Sie es, Ihre soziale Umgebung unnötig zu frustrieren. Bemühen Sie sich um eine möglichst hohe eigene Frustrationsschwelle. Versuchen Sie, einen Mitmenschen, der Sie tadelt, auch einmal als Opfer seiner eigenen Streßsituation zu sehen.
- Ähnlich wie im Tierreich, hat auch jeder Mensch sein persönliches Revier. Es spricht vieles dafür, daß gewalttätige Personen in besonders hohem Maße empfindlich reagieren, wenn man ihnen physisch zu nahe kommt. Zimbardo und Ruch berichten von Ergebnissen einer amerikanischen Studie, nach der „eine Gruppe von gewalttätigen Gefangenen eine fast viermal so große ‚Individualdistanz' brauchte als eine nicht-gewalttätige Kontrollgruppe." Unter Individualdistanz versteht man die Entfernung auf die sich der Versuchsleiter einem Probanden nähern darf, ohne daß dieser das Wort „Stop" sagt. Die Hypersensitivität bezüglich der physischen Nähe eines anderen Menschen ist vermutlich auf ein übersteigertes Gefühl der Bedrohung zurückzuführen. Demnach „wäre es möglich vorauszusagen, daß Leute, die eine große Individualdistanz besitzen, wahrscheinlich sehr leicht gewalttätig werden können" (Zimbardo/Ruch, 1978, S. 11). Seitlich fühlt man sich in der Regel weniger leicht „verletzt" als bei einem Kontakt von vorne oder von rückwärts. Unbekannten sollten Sie nicht näher als etwa 50 cm (Intimdistanz) „auf den Leib rücken", da dann der Blickkontakt besonders schwierig wird und aufdringlich wirkt. Wenn die-

se Distanz nicht respektiert wird, weicht der Gesprächspartner in der Regel immer weiter zurück.

- Faires Streiten in Form der partnerschaftlichen Auseinandersetzung kennt am Ende keinen Sieger und keinen Verlierer. In einer echten Partnerschaft darf jeder einmal stark und einmal schwach sein.
- Viele Menschen versuchen, durch aggressives Verhalten Probleme zu lösen, weil sie es nicht anders gelernt haben. Elternhaus, Schule und Medien sollten es sich in diesem Zusammenhang zur Aufgabe machen, zu diesen primitiven Bemühungen um Problemlösung und Frustrationsbewältigung alternative konstruktive und kooperative Strategien anzubieten.

15.5. Möglichkeiten erfolgreicher Kommunikation in aggressionsbetonten Konfliktsituationen

Verbesserung der Selbstwahrnehmung – Das Johari-window

Das Bild, das andere Menschen von uns haben, stimmt mit unserem Selbstportrait nicht überein. Eine Verbesserung der Selbstwahrnehmung und eine Schulung der Fähigkeit, sich mit den Augen der anderen zu sehen, können die zwischenmenschliche Kommunikation positiv beeinflussen. Das Johari-Fenster ist ein graphisches Modell, das Veränderungen der Selbst- und Fremdwahrnehmung, wie sie z. B. in einer Selbsterfahrungsgruppe oder im Laufe von Kommunikations- oder Videotrainings auftreten können, veranschaulicht.

	mir bekannt	mir nicht bekannt
anderen bekannt	A Öffentliche Person (Bereich der freien Aktivität)	C Blinder Fleck
anderen nicht bekannt	B Privatperson	D Unbekanntes

„A" ist der Bereich der freien Aktivität, des sichtbaren Verhaltens und der „offenen" Motivationen, die sowohl selbstbekannt als auch für andere wahrnehmbar sind. „B" ist der Verhaltensbereich, der mir bekannt und bewußt ist, den ich aber anderen nicht bekanntgemacht habe oder nicht bekanntgeben möchte. Es ist der Bereich des Verbergens und des Vermeidens (personaler Intimbereich). Bereich „C" stellt den sogenannten *Blinden Fleck* der Selbstwahrnehmung dar, d. h. den Teil des Verhaltens, der für meine Mitmenschen sichtbar und erkennbar, mir hingegen selbst nicht bewußt ist. Wenn wir uns zum Beispiel bei Videoaufnahmen auf dem Monitor sehen, wird uns bewußt, daß uns ein Teil unseres äußeren Seins in Aussehen und Gehabe selber nicht bekannt ist; wir sind manchmal blind gegenüber unserer eigenen Person. Das Bild, das wir von uns haben, müssen wir in Gedanken ein wenig zur Realität hin korrigieren. „D" ist der Verhaltensbereich für Vorgänge, die weder mir noch anderen bekannt sind; es ist der Bereich der unbekannten Aktivität. In Feld „D" liegen unsere ungeahnten Möglichkeiten. Durch Kommunikations- und Videotrainings kann dieser Bereich besser erschlossen werden. Veränderungen können auch im Rahmen einer Psychotherapie erfolgen.

Wenn bei einem Menschen die Bereiche „C" und „D" stark dominieren, heißt das: Der weitaus überwiegende Teil des Verhaltens wird nicht bewußt erlebt; der Bereich der freien Aktivität ist sehr klein. Ziel eines Kommunikationstrainings ist es, mit Hilfe von Feedback-Prozessen die Felder „C" und „D" zu verkleinern und den Bereich „A" zu vergrößern. Die freie Aktivität des einzelnen wird dadurch erweitert, der „Blinde Fleck" wird minimiert, der Weg für ein bewußteres Leben wird frei.

Axiome der Kommunikation

Die von Watzlawick erarbeiteten „Axiome der menschlichen Interaktion" eignen sich als theoretische Grundlage zur Erörterung von Möglichkeiten der erfolgreichen Kommunikation in Konfliktsituationen. Diese fünf Grundregeln werden im folgenden kurz dargestellt.

1. Axiom
In einer sozialen Situation kann man nicht *nicht* kommunizieren.
Da *jedes* Verhalten Mitteilungscharakter hat und Kommunikation ist, ist es unmöglich, nicht zu kommunizieren. „Verhalten hat eine Eigenschaft, die so grundlegend ist, daß sie oft übersehen wird. Verhalten hat kein Gegenteil, d.h. man kann sich nicht nichtverhalten" (Watzlawick u.a., 1969, S. 51).
Beispiel:
Ein Kind erzählt am Mittagstisch von einem Streit mit einem Klassenkameraden. Die Mutter äußert sich nicht zu diesem Sachverhalt, um die Angelegenheit nicht hochzuspielen und um dem Kind nicht das Gefühl des Kritisiert-

werdens zu geben. Das *Nicht*reagieren der Mutter stellt für das Kind jedoch sehr wohl eine Reaktion dar, über die es nachdenkt: „Warum sagt die Mutter nichts?", „Habe ich etwas falsch gemacht?", ...

2. Axiom

„Jede Kommunikation hat einen Inhalts- und einen Beziehungsaspekt, derart, *daß letzterer den ersten bestimmt, daher ein übergeordneter Aspekt ist*" (Watzlawick u.a., 1969, S. 56).

Jede Mitteilung hat einen Inhalt und enthält zugleich eine Information darüber, wie der Sender möchte, daß sie verstanden wird; damit drückt der Sender aus, wie er seine Beziehung zum Empfänger sieht. Der Beziehungsaspekt ist dem Inhaltsaspekt übergeordnet und bestimmt dessen Verständnis.

Beispiele:
- Jemand stellt Ihnen eine Frage. Wenn Sie das Gefühl haben, daß Ihnen der Fragende sein Vertrauen schenkt, werden Sie in Ihrer Antwort bereitwillig auf den Inhalt der Frage eingehen. Haben Sie jedoch den Eindruck, es handele sich um eine Fangfrage, werden Sie versuchen, durch eine entsprechende Formulierung Ihrer Antwort zu vermeiden, daß Sie „hereingelegt" werden.
- Wenn das Verhältnis zu Ihren Arbeitskollegen in Ordnung ist, dürfen Sie – etwa im Gespräch – auch einmal einen inhaltlichen Fehler begehen, ohne daß Ihnen daraus gleich ein Vorwurf gemacht wird.

3. Axiom

In der unterschiedlichen Sicht der verschiedenen Partner enthält jede Kommunikation eine Struktur, die als Interpunktion einer Ereignisabfolge erscheint.

Die Interpunktion des Kommunikationsablaufes seitens der Partner bestimmt die Natur einer Beziehung. Jeder Kommunikationspartner legt die Ursache-Wirkungs-Folgen so fest, daß er dem anderen den Vorwurf des „Angefangen habens" macht und ihm damit die Schuld an dem Streit zuweist. Eine solche Kommunikation ist kreisförmig; sie hat keinen Anfang und kein Ende.

Beispiel:
Ein Vorgesetzter meint, er müsse seine Untergebenen antreiben, weil sie zuwenig Eigeninitiative entfalten. Die Untergebenen dagegen tun von sich aus nichts, weil sie sich vom Vorgesetzten unter Druck gesetzt fühlen.

4. Axiom

Menschliche Kommunikation bedient sich digitaler (= genau bezeichenbarer) und analoger (= ähnlicher) Modalitäten.

Digitale Kommunikation ist meist verbale Kommunikation; sie ist relativ eindeutig. Analoge Kommunikation liegt vor, wenn die Information in Zeichen

verschlüsselt ist, die mehrdeutig sind (nonverbale Kommunikation in Form von Körpersprache: Mimik, Gestik, Körperhaltung, Blick).
Beispiel:
Ein Vorgesetzter lächelt bei einer Bemerkung eines Mitarbeiters. Da Lächeln u.a. Zufriedenheit und Sympathie, aber auch Verächtlichkeit ausdrücken kann, weiß der Mitarbeiter nicht, was dieses Lächeln bedeutet. Das verbale Feedback des Vorgesetzten: „Ich freue mich", führt dazu, daß der Untergebene den Gesichtsausdruck seines Chefs als „zufriedenes Lächeln" verstehen kann.

5. Axiom
Zwischenmenschliche Kommunikation verläuft entweder symmetrisch oder komplementär, je nachdem, ob die Beziehung zwischen den Partnern auf Ebenbürtigkeit oder auf Unterschiedlichkeit beruht.
Bei Symmetrie (Gleichheit) verhalten sich die Kommunikationspartner gleichsam spiegelbildlich. Ein Indiz dafür kann sein, daß beide Partner ungefähr gleich viel reden. „Eine komplementäre Kommunikation beruht auf unterschiedlichen, sich ergänzenden Positionen, wie sie zum Beispiel im Verhältnis von Herr und Knecht ausgedrückt sind. Sie bestimmen den Kommunikationsverlauf" (Wulf/Groddek, 1977 S. 224). Komplementarität (Ergänzung, Abhängigkeit) kann sich zum Beispiel schon darin zeigen, daß der eine Partner den größten Teil der Redezeit für sich in Anspruch nimmt.

Das nicht-direktive klientenzentrierte Gespräch

Aggressives Verhalten in Form von Trotz, Jähzorn, Aufsässigkeit, Beschimpfungen oder gar Tätlichkeiten kann zu gravierenden Konflikten führen. Das wichtigste Mittel, zur Bewältigung solcher Probleme ist das Gespräch.

> Das Menschlichste, das wir haben,
> ist doch die Sprache, und wir
> haben sie, um zu sprechen.
> Theodor Fontane

Versuchen Sie nicht, Ihren Ärger systematisch zu unterdrücken; lernen Sie, Ihre negativen emotionalen Befindlichkeiten der jeweiligen Situation adäquat zum Ausdruck zu bringen.
Die Angst vor der eigenen Aggressivität und die Furcht, in einem Konfliktgespräch der „Verlierer" zu sein, verhindern oft einen angemessenen Umgang mit Aggressionen.
Bewußt unterdrückte Aggression kann z.B. indirekt in der Gestik, im Tonfall

oder in anderen Verhaltensweisen wieder zum Vorschein kommen und sie kann dann über die Interpretation des Beobachters zu Mißverständnissen in der Kommunikation führen. Die freimütige Äußerung aggressiver Gefühle wiederum wird vom Partner häufig als verletzend empfunden. Was also tun? Wenn Sie bisher Ärger- und Unmutsäußerungen gezielt unterdrückt haben, konnten Sie nicht *lernen* entsprechende Emotionen angemessen – d.h. so, daß es den Partner nicht noch wütender macht – zu äußern. Da Sie den gekonnten Umgang mit Aggressionen nicht gelernt haben, besteht die Gefahr, daß es, wenn Sie es zum ersten Mal versuchen, Ihren negativen Gefühlen Ausdruck zu geben, zu einem Mißerfolgserlebnis kommt. Aus dieser Konsequenz wiederum könnten Sie lernen, Ihre Aggressionen in Zukunft noch stärker unter Kontrolle zu halten. Ein Teufelskreis . . . . Durchbrechen läßt sich dieser Circulus vitiosus nur, wenn man sich systematisch und geduldig darin übt, seinen Ärger – dem Kommunikationspartner gegenüber – situationsadäquat zum Ausdruck zu bringen.

Außerordentlich hilfreich ist in diesem Zusammenhang die Kenntnis der Grundzüge der von Carl Rogers (1942) entwickelten Gesprächstherapie, auch nicht-direktive Therapie, klientenzentrierte Therapie oder klientenzentriertes Beratungsgespräch genannt. Rogers geht in seinem humanistisch-psychologischen Ansatz davon aus, daß der Mensch als *aktives* Wesen ein Grundbedürfnis nach *Selbstverwirklichung* hat, also bestrebt ist, seine eigenen Fähigkeiten zu entfalten und Fertigkeiten zu entwickeln. Der Grundgedanke des klientenzentrierten Gesprächs besteht darin, daß der Gesprächspartner selbst am besten in der Lage ist, über seine Verhaltensmöglichkeiten bewußt zu entscheiden und sie gegebenenfalls auch zu ändern.

Voraussetzung für einen Einsatz des Verfahrens in Konfliktgesprächen ist, daß Sie die Bereitschaft mitbringen zuzuhören und Hilfestellung zu geben, also quasi die Rolle des „Therapeuten" zu übernehmen.

Folgende Verhaltensweisen gelten als *nicht* therapiefördernd (Mucchielli, 1972):

– Das Halten einer „Moralpredigt";
  Wer einem anderen Menschen moralische Vorwürfe macht, orientiert sich an eigenen oder allgemein verbreiteten Wertvorstellungen und drängt den Gesprächspartner in eine abhängige – nicht-partnerschaftliche – Beziehung.

– Der Versuch zu trösten oder zu ermutigen;
  Dabei besteht die Gefahr, daß negative Gefühle des Gesprächspartners heruntergespielt oder, daß sie ihm sogar ausgeredet werden. Er fühlt sich dadurch „besser" und sieht zu einer grundlegenden Änderung seiner Problemsituation keinen Anlaß mehr.

– Eine Lösung der Probleme parat haben;
  Hilfe kann nach Rogers nur vom Gesprächspartner selbst kommen.

Durch einen fremdbestimmten Lösungsvorschlag kann er sich überrumpelt fühlen; u.U. wird er ihn akzeptieren, ohne selbst davon überzeugt zu sein.
- Die Aussagen des Gesprächspartners *deuten;*
Durch die von der Meinung und den Einstellungen des Therapeuten beeinflußten Interpretationen, Analysen und Diagnosen des Verhaltens und der Motive des Gesprächspartners können seine Aussagen verzerrt werden; der Gesprächspartner fühlt sich irritiert und unverstanden.

Positives – d.h. therapieförderliches – Therapeutenverhalten ist gekennzeichnet durch:
- Bemühen des Therapeuten um Verständnis der Erlebniswelt des Gesprächspartners;
Der Therapeut versucht sich möglichst gut in den Gesprächspartner hineinzuversetzen und seine Erlebniswelt zu verstehen. Ein Hilfsmittel dabei ist die sogenannte Verbalisierung; die sprachliche Umschreibung (nicht Bewertung!) der gefühlsbestimmten Inhalte der Äußerungen des Gesprächspartners, so wie der Therapeut sie empfindet.
- „Wertschätzung" des Gesprächspartners;
Positive – nicht an Bedingungen gebundene – Wertschätzung und emotionale Wärme vermitteln dem Gesprächspartner die Sicherheit, daß er vom Therapeuten akzeptiert wird. Der Gesprächspartner ist dadurch frei, „er selbst zu sein".
- „Echtheit" des Verhaltens;
Auch der Therapeut sollte „er selbst sein", d.h. sich aufrichtig, ungezwungen und in Übereinstimmung mit sich selbst – also nicht rollenhaft – verhalten. Damit wird sein Verhalten für den Gesprächspartner durchschaubar. Dieses Therapeutenverhalten ist die Voraussetzung dafür, daß der Gesprächspartner bereit ist, seine Gedanken und Gefühle offenzulegen.

Lassen Sie zunächst Ihren Gesprächspartner reden. Hören Sie ihm *aktiv* zu; d.h. „schalten Sie Ihre Ohren nicht auf Durchzug", sondern konzentrieren Sie sich auf das Erleben, die Gefühle, Wünsche und Befürchtungen des Gesprächspartners. Lassen Sie ihn spüren, daß Sie ihn ernst nehmen und daß Sie an seinen Gefühlen und Gedanken interessiert sind. Signalisieren Sie Verständnis durch Gesten (Kopfnicken, freundlicher Blick, . . .) und die Äußerung von Lauten wie „hm" oder durch ein einfaches „Ja". Zeigen Sie Empathie, d.h. versuchen Sie sich in die Rolle des anderen hineinzuversetzen und mit ihm zu fühlen, ohne, daß Sie dabei Ihre Objektivität aufgeben. Wiederholen Sie Aussagen des Gesprächspartners in Ihren eigenen Worten, ehe Sie selbst darauf antworten. Man nennt dieses Vorgehen Paraphrasieren. Sie prüfen damit, ob Sie Ihren Gesprächspartner richtig verstanden haben, und er hat die Möglichkeit, sich gegebenenfalls noch deutlicher auszudrücken und Korrekturen und Ergänzungen anzubringen.

Vermeiden Sie „Du-Aussagen", da sie meistens die Konfrontation verstärken.

Teilen Sie in „Ich-Botschaften" Ihre Gefühle, Gedanken und Wünsche dem Gesprächspartner mit; etwa in der Form: „Ich bin enttäuscht, daß..." oder „Ich bin verärgert, weil...".

Verzichten Sie auf ironisches Lächeln, Überheblichkeit, psychologisierende Stellungnahmen und sogenannte „Lösungsbotschaften" (zum Beispiel: „An Ihrer Stelle würde ich das folgendermaßen machen...").

Durch belehrende Ermahnungen wird das vorausgegangene Verhalten nochmals negativ erlebt. Häufig reagiert der Gesprächspartner darauf verstärkt aggressiv. Relativieren Sie Ihre eigene Meinung und geben Sie Fehler zu, stellen Sie Gemeinsamkeiten heraus.

Bedenken Sie, daß Drohungen oder Erpressungsversuche häufig Trotzreaktionen auslösen.

15.6. Konfliktverursachende und konfliktlösende Gespräche

Wie durch vertrauensvolle Gespräche Konflikte gelöst oder zumindest entschärft werden können, haben wir oben besprochen. Geschwätz und liebloses „Drauflosreden" über Abwesende — häufig, um sich selbst interessant zu machen und aufzuwerten — sind oft die Ursache für das Entstehen von Konflikten und bilden den Nährboden für ärger-aggressives Handeln durch die davon Betroffenen. Über andere Menschen sollten wir nur so reden, wie wir es gerne hätten, daß sie über uns sprechen. Vielleicht kennen Sie die folgende alte Geschichte, die sich ihre Aktualität über Jahrtausende bewahrt hat: „Zum weisen Sokrates kam einer gelaufen und sagte: ‚Höre, Sokrates, das muß ich dir erzählen!' ‚Halt ein!' unterbrach ihn der Weise, ‚hast du das, was du mir sagen willst, durch die drei Siebe gesiebt?' ‚Drei Siebe?' fragte der andere voll Verwunderung. ‚Ja, guter Freund! Laß sehen, ob das, was du mir sagen willst, durch die drei Siebe hindurchgeht. Das erste ist die Wahrheit. Hast du alles, was du mir erzählen willst, geprüft, ob es wahr ist?' ‚Nein, ich hörte es erzählen und...' ‚So, so! Aber sicher hast du es im zweiten Sieb geprüft. Es ist das Sieb der Güte. Ist das, was du mir erzählen willst, gut?' Zögernd sagte der andere: ‚Nein, im Gegenteil...' ‚Hm', unterbrach ihn der Weise, ‚so laß uns auch das dritte Sieb noch anwenden. Ist es notwendig, daß du mir das erzählst?' ‚Notwendig nun gerade nicht...' ‚Also', sagte lächelnd der Weise, ‚wenn es weder wahr noch gut noch notwendig ist, so laß es begraben sein und belaste dich und mich nicht damit' " (Moser, 1981, S. 13).

Nehmen Sie sich genügend Zeit für ein Gespräch. Wenn Sie jemandem mitteilen, Sie haben keine Zeit für ihn, geben Sie ihm zu erkennen, daß andere Dinge für Sie wichtiger sind. Denken Sie daran: Fast alles, was Sie negativ ausdrücken, können Sie auch positiv sagen. Aus dem „Konkurrenten" wird – positiv formuliert – ein „Mitbewerber". Statt: „So läßt sich das Problem doch nicht lösen ..." könnten Sie ab sofort zum Beispiel sagen: „Was halten Sie von folgender Idee...?"

15.7. Abwehrmöglichkeiten gegen Methoden unfairer Dialektik in Diskussionen

Wer überzeugen will, muß in der Lage sein, Einwänden von Diskussionsteilnehmern wirksam zu begegnen. Begreifen Sie Einwände und die Konfrontation mit anderen Auffassungen als Chance: Hören Sie aktiv zu, gönnen Sie sich eine kurze Pause zum Nachdenken und fragen Sie eventuell zurück. Vermeiden Sie bei Rückfragen möglichst insistierende Warum-Fragen (Methode des Sokrates); sie zielen darauf, den Partner in Beweisnot zu bringen. Redewendungen wie: „Nein, das ist absolut falsch..." führen zur emotionalen Einengung des Gesprächspartners, da sie den Charakter der Endgültigkeit aufweisen. Bei der Praktizierung der Technik der bedingten Zustimmung greift man einen Aspekt des Einwands auf und stimmt (bedingt) zu. Beispiele: „Ich bin Ihnen dankbar, daß Sie diesen Gesichtspunkt angesprochen haben...". „Ich stimme Ihnen im Prinzip zu...". Wenn Sie den Einwand in eine positive Frage umformulieren, können Sie ihm die Schärfe nehmen: „Wenn ich Sie richtig verstehe, fragen Sie, ob..."
Unter rhetorischen Aspekten sollten Sie auch bedenken, daß Sie im verbalen Ausdruck und auch in Gestik, Mimik und Motorik etwas „sparsamer" sein sollten als Ihr Gegenüber und daß Sie an Wirkung gewinnen, wenn Sie betont leise und langsam sprechen, sofern Sie es mit einem Gesprächspartner zu tun haben, der laut und schnell spricht.
Unfaire Tricks und Winkelzüge stehen häufig einer gewinnbringenden Diskussion im Wege. Mit dialektischen Taktiken und eristischen Finessen wird versucht, von der Sach-Ebene abzulenken, zu emotionalisieren, zu verunsichern und zu verwirren. Hierbei geht es nicht um das bessere Argument und einen produktiven Dialog, sondern darum, die Glaubwürdigkeit des Gegenübers herabzusetzen und von der eigenen Inkompetenz abzulenken. Wehren Sie sich gegen Methoden unfairer Dialektik.

Grundregeln:

– Sich gut vorbereiten;
Denken Sie daran: „Man braucht wesentlich mehr Bausteine, als sich nachher vermauern lassen."

– Ruhig und gelassen bleiben;
Diffamierungen und gewalt- und haßerfüllte Äußerungen sind die „Argumente" derer, die Unrecht haben. Gegen „Dumme", gegen die bekanntlich selbst Götter machtlos sind, ist ein vielsagendes Schweigen oft Ihre beste Waffe. Wenn Sie zum Beispiel eine Gruppe von Zuhörern mit Buh-Rufen oder Pfiffen empfängt, können Sie vielleicht die für Sie prekäre Situation noch mit Humor retten. Sie könnten das Pfeifkonzert loben und zu einem Rundfunk- oder Fernsehauftritt raten oder Sie könnten den Sachverhalt so kommentieren: „Nachdem ich mir *Ihre* Pfiffe und *Ihre* kräftigen Stimmen angehört habe, hören Sie jetzt, bitte, *meine* Argumente.

– Sich nicht provozieren lassen;
Vielleicht kann Ihnen eine Devise Bismarcks als Wahlspruch hilfreich sein: „Höflichkeit bis zur letzten Galgensprosse, aber gehenkt wird er auf jeden Fall."

Achten Sie darauf, daß Sie bei unfairen Angriffen auf Ihre Person nur dann zu unfairen Gegenmitteln greifen, wenn sich keine anderen Möglichkeiten – wie etwa die Vertagung – bieten und, daß Sie stets etwas weniger unfair sind als Ihr Gegner.

Im folgenden werden einige Beispiele zu Methoden unfairer Dialektik angeführt und Vorschläge zu möglichen Abwehrstrategien gemacht (vgl. auch Lay, 1976, S. 80ff.).

...Man bestreitet Ihre Kompetenz.
Abwehrmöglichkeit:
„Über unsere Kompetenz lassen wir das Publikum entscheiden."

...Ein Diskussionsteilnehmer stellt Ihnen ungehörige Fragen.
Beispiele: „Wie hoch sind Ihre Einkünfte?" „Wer bezahlt Sie eigentlich?"
Abwehrmöglichkeit:
Fragen Sie zurück: „Stehen Ihnen keine Sachargumente zur Verfügung?"

...Jemand verweist darauf, daß Sie früher eine andere Meinung vertreten haben.
Abwehrmöglichkeit:
„Auch Sie können mich nicht daran hindern dazuzulernen."

...Man bedroht Sie.
Abwehrmöglichkeit:
„Probieren Sie es ruhig aus! Sie werden sich wundern!"

...Ein Diskussionsteilnehmer versucht Sie zu reizen.

Abwehrmöglichkeit:
Sprechen Sie lange, langsam und leise.
...Sie werden durch Zwischenrufe gestört.
Abwehrmöglichkeiten:
Überhören
„Darauf komme ich gleich zu sprechen."
...Man versucht Sie abzulenken oder zu verwirren.
Beispiel: Jemand beruft sich zu Unrecht auf anerkannte wissenschaftliche
Autoritäten.
Abwehrmöglichkeit:
Quellen genau nennen lassen.
...Ein Diskussionsteilnehmer will mit Beispielen etwas beweisen.
Abwehrmöglichkeiten:
„Beispiele ,hinken'!"
„Beispiele beweisen nichts; allenfalls erläutern, plausibilisieren oder wider-
legen sie einen Sachverhalt."
...Man will, daß Sie sich bei einer komplexen Frage, die einer differenzierten
Antwort bedarf, auf ein Ja oder Nein festlegen.
Abwehrmöglichkeit:
„Antworten Sie doch einmal auf die Frage, ob Sie endlich aufgehört ha-
ben, Ihre Frau zu schlagen, mit ja oder nein."

15.8. Körpersprachliche Äußerungen von Entrüstung, Ärger, Zorn und Aggressivität

Oft können Sie durch die Körpersprache (Kinesik) Ihres Gegenübers erfahren,
was sein Schweigen Ihnen verhüllen soll.
- Runzeln der Stirn (Entrüstung)
- Hände in die Hüfte stemmen (Imponiergehabe, Entrüstung)
- Mehrmaliges ruckartiges Zurückwerfen des Kopfes (Trotz)
- Senken der Augenbrauen (Ärger)
- Verengen der Pupillen (Unwillen)
- Heben der Mundwinkel (Zynismus, Arroganz)
- Lippen zusammenpressen (verhaltener Zorn, Starrsinn)
- Spitzdach mit den Händen in Richtung des Gesprächspartners (man wehrt
  sich gegen jeden Einwand)
- Brille hastig abnehmen (Erregung, Zorn)
- Verkrampfen der Hand zur Faust (Zorn, Aggression)
- Mit dem Finger zeigen: „Sie sind ..." (Entrüstung, Aggression)

– Füße nach hinten nehmen (Angriff)

Um mit relativ großer Wahrscheinlichkeit zum Beispiel auf Aggressivität schließen zu können, müssen mindestens zwei gleichgerichtete Körpersignale zusammenkommen. Subjektive Gewißheit kann allerdings nur eine Analyse des jeweiligen sozialen Kontextes geben.

15.9. Transaktionsanalyse – ein Selbsthilfeprogramm zur Konfliktlösung

Zur Diagnose und Lösung von Konflikten gibt es innerhalb der Konfliktforschung im wesentlichen fünf theoretische Ansätze: Das kommunikationstheoretische, kognitionstheoretische, symbolisch-inter-aktionistische, psychoanalytische und transaktionsanalytische Konzept. Keine dieser Theorien ist für sich allein betrachtet in der Lage, alle vorkommenden Typen von Konflikten optimal zu klären.

Im folgenden soll der transaktionsanalytische Ansatz kurz referiert werden. Dieses Konzept ist weniger spekulativ als das der Psychoanalyse; es stellt das Interaktionsverhalten in den Mittelpunkt und vermittelt brauchbar zwischen Individual- und Sozialkonflikten. Eine umfassende Abhandlung der Theorie und Praxis der Transaktionsanalyse ist im Rahmen des vorliegenden Buches auch nicht annähernd möglich. Es sollen hier nur einige wichtige Punkte zusammengestellt und Anwendungsmöglichkeiten angedeutet werden. In der Literatur zu dieser relativ jungen Methode finden sich eine Reihe bewußt umgangssprachlich gehaltener Darstellungen, die sich an ein breites Publikum wenden (z.B. Berne, 1970; Harris, 1975; Rogoll, 1976; Wandel, 1977; Rautenberg/Rogoll, 1980). Zur Einübung und Verwirklichung werden von verschiedenen Veranstaltungsträgern spezielle Seminare angeboten.

Struktur der Psyche – Ich-Zustände

Die tiefenpsychologisch fundierte Methode der Transaktionsanalyse stützt sich im wesentlichen auf Arbeiten der beiden amerikanischen Psychiater Eric Berne und Thomas A. Harris. Sie gehen davon aus, daß im Gehirn des Menschen *alle* Erfahrungen seines Lebens – ähnlich wie in einem Computer – gespeichert sind. Dabei werden – wie vor allem Forschungsarbeiten des kanadischen Hirnchirurgen Wilder Penfield gezeigt haben – „nicht nur vergangene Ereignisse detailliert aufgezeichnet . . ., sondern auch die Gefühle, die mit diesen Ereignissen verbunden waren. Ein Ereignis und das Gefühl, das von diesem Ereignis ausgelöst wurde, sind im Gehirn unauflösbar miteinander verwoben, so daß eines nicht ohne das andere hervorgerufen werden kann" (Harris, 1975, S. 21). Diese gespeicherten Erfahrungen eines Menschen sind mitbestimmend für die Interaktionen mit anderen Personen.

Die Persönlichkeitsstruktur des Menschen kann nach transaktionsanalytischer Auffassung durch drei Subsysteme – Ich-Zustände genannt – charakterisiert werden (vgl. Abb. 4).
- Eltern-Ich-Zustand (Eltern-Ich; EL)
- Erwachsenen-Ich-Zustand (Erwachsenen-Ich; ER)
- Kind-Ich-Zustand (Kind-Ich; K)

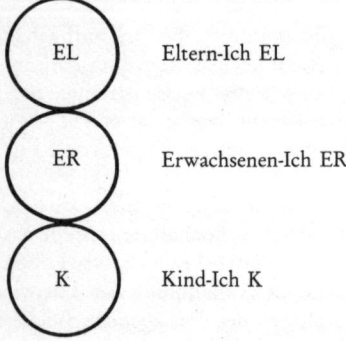

EL   Eltern-Ich EL

ER   Erwachsenen-Ich ER

K   Kind-Ich K

Abb. 4: Grundlegendes Modell der Struktur der Psyche in der Transaktionsanalyse

Diese Ich-Zustände ähneln der Freudschen Gliederung der Psyche in die drei Instanzen: Über-Ich, Ich und Es. Nach den Annahmen der Transaktionsanalyse sind die Ich-Zustände jedoch nicht nur Schichten der Persönlichkeit wie bei Freud, sie sind auch keine Rollen, sondern sie stellen *Teilpersönlichkeiten* (Persönlichkeitselemente) dar. Ein Beispiel: „Eine Person, die im Kind-Ich agiert, handelt als das Kind, das sie immer noch ist, auch wenn im Laufe des Erwachsenwerdens andere Ich-Zustände generell in den Vordergrund getreten sind" (Wandel, 1977, S. 79).

In Ergänzung zum o.a. grundlegenden Modell unterscheidet man beim Eltern-Ich und beim Kind-Ich jeweils noch zwei verschiedene Formen (vgl. Abb. 4): Fürsorgliches Eltern-Ich (fEL), kritisches Eltern-Ich (kEL), freies Kind-Ich (fK) und angepaßtes Kind-Ich (aK).

Das Kind-Ich ist der erste Ich-Zustand, den der Mensch entwickelt. Es stellt den emotionalen Bereich, das *Gefühlselement*, im Lebenskonzept dar und speichert alles Gesehene, Gehörte, Gefühlte und Verstandene einer Person aus ihrer Kinderzeit.

Die Ausdrucksform des freien Kind-Ichs fK ist das spontane und freie Äußern von Gefühlen. Dieser Ich-Zustand wird besetzt, wenn man zum Beispiel lächelt, weil man Freude verspürt, oder wenn man – etwa aus Angst vor einer Prüfung – blaß wird, oder wenn jemand Wut in sich aufsteigen fühlt und deshalb eine Tür hinter sich zuknallt.

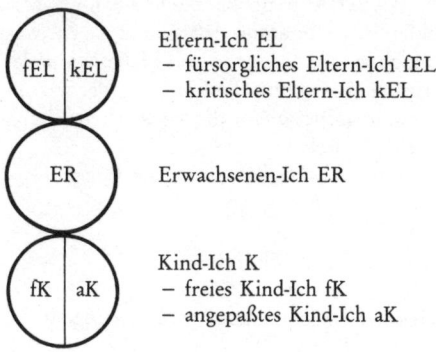

Eltern-Ich EL
– fürsorgliches Eltern-Ich fEL
– kritisches Eltern-Ich kEL

Erwachsenen-Ich ER

Kind-Ich K
– freies Kind-Ich fK
– angepaßtes Kind-Ich aK

Abb. 5: Schematische Darstellung der Ich-Zustände (nach Heinzel, 1983, S. 10)

Sehr bald macht der Mensch in der Regel in seinem Leben die Erfahrung, daß es negative Konsequenzen für ihn haben kann, wenn er seine Gefühle allzu spontan und freimütig zu erkennen gibt. Entsprechende negativ empfundene Erlebnisse führen dann dazu, daß der Betroffene sein Verhalten den jeweiligen äußeren Bedingungen anpaßt; er lernt, sich zu beherrschen. Auf die unberechtigten Vorhaltungen eines Partners wird dann zum Beispiel nicht mehr dadurch reagiert, daß man seinen Ärger darüber in Gestik, Mimik oder verbalen Äußerungen offen äußert (fK), sondern man schweigt zu den Vorwürfen, schluckt seinen Ärger hinunter – vielleicht lächelt man sogar dabei (aK). „Verhalten und Gefühle passen im aK nicht zusammen" (Heinzel, 1983, S. 11).
Die Bedeutung der spontanen freien Äußerung von Gefühlen für die eigene psychische Hygiene ist unbestritten. Es ist aber keineswegs so, daß fK immer gut und aK immer schlecht ist. Für die Arbeit und die anderen Bereiche des menschlichen Zusammenlebens gibt es Normen und Regeln, die man beachten muß, um in der jeweiligen Sozialgemeinschaft zu überleben.
Als nächster Ich-Anteil baut sich in der menschlichen Entwicklung durch Nachahmung und Übernahme der Verhaltensweisen der Eltern oder Elternvertreter, das Eltern-Ich auf. Es „ist eine ungeheure Ansammlung von Aufzeichnungen im Gehirn über ungeprüft hingenommene oder aufgezwungene äußere Ergebnisse, die ein Mensch in seiner frühen Kindheit wahrgenommen hat. Diese Periode umfaßt etwa die ersten fünf oder sechs Lebensjahre. . . .

Das Wort Eltern-Ich trifft diesen Sachverhalt insofern gut, als die wichtigsten Aufzeichnungen durch das Beispiel und durch Äußerungen der eigenen wirklichen Eltern oder Elternvertreter zustande kommen. Alles, was ein Kind seine Eltern tun sah und sagen hörte, ist im Eltern-Ich aufbewahrt" (Harris, 1975, S. 33).

Beim Eltern-Ich unterscheidet man „zwischen fürsorglichem Eltern-Ich fEL und kritischem Eltern-Ich kEL. Beiden ist gemeinsam, daß sie mir sagen, was ich tun und lassen soll. Der eine versucht es mit Fürsorge und Liebe, der andere mit Härte und Strenge. Das Eltern-Ich übernimmt die Funktion der wirklichen Eltern, und es ‚funktioniert‘ auch, selbst wenn die wirklichen Eltern längst gestorben sind" (Heinzel, 1983, S. 12f.).

Verbale Hinweise auf das fürsorgliche Eltern-Ich fEL sind zum Beispiel:

„Das wirst Du schon schaffen"

„Ich möchte Dir helfen"

„Sei nicht traurig, das Ganze ist doch nicht so schlimm"

„Überanstrenge Dich nicht"

Das kritische Eltern-Ich äußert sich etwa in folgenden Formulierungen:

„Du mußt . . ."

„Du sollst . . ."

„Wenn Du damit nicht aufhörst, dann . . ."

„Sei fleißig"

In diesem Zusammenhang kann man noch unterscheiden zwischen positivem und negativem fürsorglichem Eltern-Ich und positivem und negativem kritischem Eltern-Ich. Denken Sie zum Beispiel an die Äußerungen „Überanstrenge Dich nicht" und „Sei fleißig". Übertreibungen in Richtung Faulheit bzw. systematische Überforderung kehren die an sich positiven Wirkungen solcher Formulierungen ins Negative.

Die Entwicklung des Erwachsenen-Ichs beginnt etwa zwischen dem achten und zehnten Lebensmonat. Seine Entfaltung ist an die kognitive Entwicklung des Menschen gekoppelt. Das Erwachsenen-Ich wandelt Reize in Informationen um, verarbeitet sie unter Einbeziehung früherer Erfahrungen und speichert sie. „‚Das ist dein Erwachsenen-Ich‘ bedeutet: ‚Du hast soeben ein autonomes, objektives Erfassen der Situation erkennen lassen, und du trägst diese gedanklichen Prozesse bzw. die erkannten Probleme oder die gezogenen Schlußfolgerungen in unvoreingenommener Form vor‘ " (Berne, 1970, S. 26).

Rückschlüsse auf den im Moment der Beobachtung gerade besetzten Ich-Zustand können aus Stimme, Gestik und Mimik des betreffenden Menschen gezogen werden. In diesem Zusammenhang darf man jedoch nicht vergessen, „daß es sich . . . nur um *Indizien* handelt, nicht um endgültige Beweise" (Harris, 1975, S. 86). Tabelle 3 vermittelt eine entsprechende Übersicht mit einigen Beispielen verbaler und nonverbaler Hinweise auf den jeweils aktivierten Ich-Zustand.

Hinweise	Eltern-Ich EL	Erwachsenen-Ich ER	Kind-Ich K
Nichtverbal	– Ausgestreckter Zeigefinger – Hin- und Herwiegen des Kopfes – Handauflegen auf den Kopf – Hände in die Hüften stemmen – Gefurchte Augenbrauen – Vorgestreckte Unterlippe – Zungenschnalzen – Fingerschnalzen – Händeringen – Arme vor der Brust verschränken	– Interessierter Gesichtsausdruck – Gesicht, Augen, Körper in Bewegung – Ständiges Befassen mit der Umwelt – Offener Gesichtsausdruck – Gesicht direkt dem Partner zugekehrt	– Weinen – „Bocken" – Schmollen – Wutausbrüche – Niedergeschlagene Augen – Gebeugter Kopf – Hänseln – Kichern – Handheben – Hin- und Herrutschen auf der Sitzgelegenheit – Fingernägelkauen – Grimassen schneiden
Verbal	– Befehle, Ratschläge, Verweise – „Jetzt ist aber Schluß" – „Ich kann einfach nicht verstehen . . ." – „Immer . . ." – „Nie . . ." – „Machen Sie doch Urlaub, es wäre sicher auch für Ihre Familie wichtig" – „Sie haben hier nicht zu denken, sondern das zu tun, was ich Ihnen sage" – „Wenn ich Du wäre . . ." – „Ich kann es auf den Tod nicht leiden, daß . . ." Abhängig vom jeweiligen sprachlichen Kontext können auch folgende Ausdrücke auf das Eltern-Ich hinweisen: „Dumm", „idiotisch", „ekelhaft", „stupide", „armes Ding", „empörend", „faul", . . .	– „Warum?" – „Wer?" – „Wieviel?" – „Auf welche Art und Weise?" – „Wozu?" – „Ich denke . . ." – „Objektiv betrachtet . . ." – „Meiner Meinung nach . . ." – „Sie sind anderer Meinung als ich. Wir suchen eine Lösung, die für beide sinnvoll ist" – „Ich finde . . ." – „Wo?" – „Wie?" – „Was?" – „Meines Erachtens . . ." – „Richtig", „wahr", „verkehrt", „falsch", „unwahr" – „Verhältnismäßig . . ." – „Wahrscheinlich . . ." – „Ist es möglich, mir die Unterlagen bis zum 15. des Monats zu besorgen?"	– „Ich möchte . . ." – „Kann ich . . .?" – „Darf ich . . .?" – „Ist mir egal" – „Wenn ich größer bin . . ." – Gebrauch von Superlativen als Trümpfe in dem Spiel: „Meins ist besser als Deins" – „Sie haben recht!" (In Wirklichkeit ist man jedoch anderer Meinung) – „Ich traue mich nicht, aus Angst vor Folgen, hier offen meine Meinung zu sagen."

Tab. 3: Beispiele für nonverbale und verbale Hinweise auf den jeweils besetzten Ich-Zustand (zusammengestellt nach Harris, 1975; Heinzel, 1983; Angermeier, 1983; Berne, 1970; Rogoll, 1976)

Transaktionen

„Die Grundeinheit aller sozialer Verbindungen bezeichnet man als ‚Transaktion‘. Begegnen zwei oder mehr Menschen einander ... dann beginnt früher oder später einer von ihnen zu sprechen oder in irgendeiner Form von der Gegenwart der anderen Notiz zu nehmen. Diesen Vorgang nennt man ‚Transaktions-Stimulus‘ .... Sagt oder tut dann eine von den anderen Personen etwas, das sich in irgendeiner Form auf den voraufgegangenen Stimulus bezieht, so bezeichnet man diesen Vorgang als ‚Transaktions-Reaktion‘ ...“ (Berne, 1970, S. 32). „Die Transaktions-Analyse ist die Methode zur Untersuchung dieser einen Transaktion, in der ‚ich dir etwas tue und du mir wieder etwas tust‘. ... Sinn der Analyse ist die Feststellung, welcher Teil jedes Beteiligten – Eltern-Ich, Erwachsenen-Ich oder Kindheits-Ich – den jeweiligen Reiz und die jeweilige Reaktion auslöst“ (Harris, 1975, S. 27 und S. 84).
Die Transaktions-Analyse stellt Hilfen zur Beschreibung von Konflikten und Techniken zu ihrer Behebung bereit. Zunächst geht es in diesem Zusammenhang darum, „zu ergründen, welcher Ich-Zustand den Transaktions-Stimulus ausgelöst hat und welcher die Reaktion auf diese Transaktion vollzogen hat“ (Berne, 1970, S. 32).
Wir unterscheiden drei Hauptgruppen von Transaktionen:
– Paralleltransaktionen
– Überkreuztransaktionen
– Verdeckte Transaktionen
Die angeführten Bezeichnungen beziehen sich auf die geometrische Lage der Verbindungslinien in der graphischen Darstellung jeweils aktivierter Ich-Anteile der beiden Partner einer Transaktion.

Paralleltransaktionen

Bei dieser einfachsten Form einer Transaktion geht es um Interaktionen zwischen zwei einander entsprechenden (komplementären) Ich-Zuständen. Bei Komplementärtransaktionen ist die Reaktion so, „wie sie der Situation angemessen ist und erwartet wird; sie folgt der natürlichen Ordnung gesunder zwischenmenschlicher Beziehungen“ (Berne, 1970, S. 33).
Beispiele:
In den graphischen Darstellungen steht der Buchstabe „S“ für „Stimulus“ (Reiz) und der Buchstabe „R“ für „Reaktion“ oder „response“ (Antwort, Erwiderung, Reaktion). „A“ und „B“ sind die Transaktions-Partner.

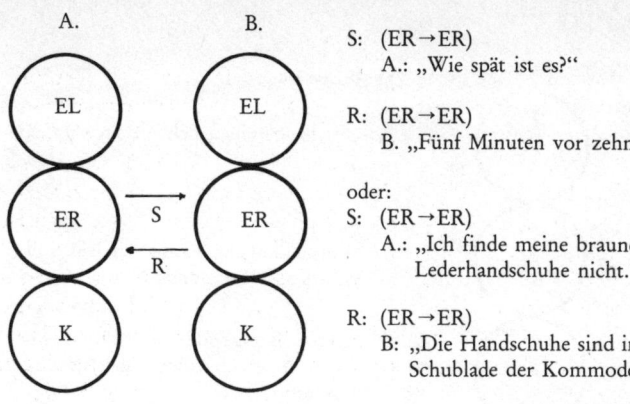

S: (ER→ER)
  A.: „Wie spät ist es?"

R: (ER→ER)
  B. „Fünf Minuten vor zehn Uhr."

oder:
S: (ER→ER)
  A.: „Ich finde meine braunen
      Lederhandschuhe nicht."

R: (ER→ER)
  B: „Die Handschuhe sind in der obersten
      Schublade der Kommode."

Abb. 6: Transaktion zwischen Erwachsenen-Ich und Erwachsenen-Ich

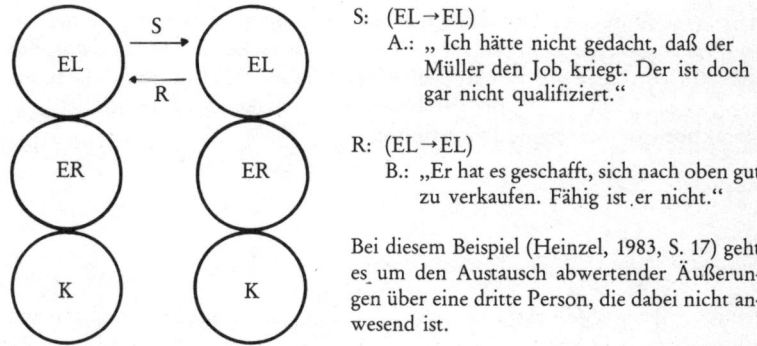

S: (EL→EL)
  A.: „ Ich hätte nicht gedacht, daß der
      Müller den Job kriegt. Der ist doch
      gar nicht qualifiziert."

R: (EL→EL)
  B.: „Er hat es geschafft, sich nach oben gut
      zu verkaufen. Fähig ist er nicht."

Bei diesem Beispiel (Heinzel, 1983, S. 17) geht
es um den Austausch abwertender Äußerungen über eine dritte Person, die dabei nicht anwesend ist.

Abb. 7: Transaktion zwischen Eltern-Ich und Eltern-Ich

Erkenntnis:
Bei Paralleltransaktionen kommt die Antwort aus dem angesprochenen Ich-Zustand; die Kommunikation ist konfliktfrei und problemlos.

Ein weiteres Beispiel:

A.   B.

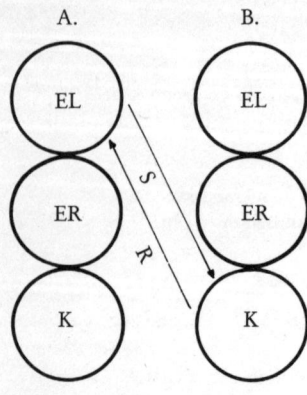

S: (EL→aK)
A.: „Sie haben einen Fehler gemacht."

R: (aK→EL)
B.: „Entschuldigung, es tut mir leid, soll
nie wieder vorkommen."

„A kritisiert B. B akzeptiert Kritik und entschuldigt sich. A ist zufriedengestellt" (Heinzel, 1983, S. 18).

Abb. 8: Transaktion zwischen Eltern-Ich und Kind-Ich

Überkreuztransaktionen

Es ist „eine Binsenweisheit, daß ich einen bestimmten Wesenszug meines Gegenübers ansprechen kann, solange ich will, ich habe keine Gewähr dafür, daß
seine Antwort auch aus diesem Teil seiner Persönlichkeit kommt" (Rauten-
berg/Rogoll, 1980, S. 73). Bei der Überkreuztransaktion „durchkreuzt" der
Interaktionspartner meine Erwartungen.

Beispiele:

A.   B.

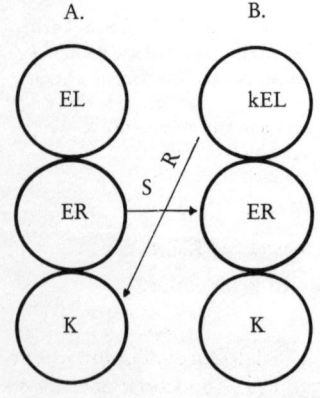

S: (ER→ER)
A.: „Kannst Du mir sagen, wie spät es ist?"

R: (kEL→K)
B: „Höchste Zeit, daß Du endlich fertig
wirst."

Angesprochen war das Erwachsenen-Ich von
B; die Antwort erfolgte aus dem Eltern-Ich.

Abb. 9: Überkreuztransaktion (Beispiel 1)

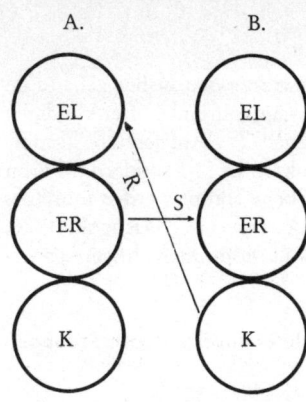

A.　　　　B.

Abb. 10: Überkreuztransaktion
(Beispiele 2 und 3)

S: (ER→ER)
　　A.: „Wie spät ist es?"

R: (K→EL)
　　B.: „Immer werde ich kritisiert, wenn ich
　　　　länger ausbleibe."

oder

S: (ER→ER)
　　A.: „Ich finde meine braunen Lederhand-
　　　　schuhe nicht."

R: (K→EL)
　　B.: „Daran bin ich wohl wieder schuld,
　　　　Du schiebst mir ja an allem die Schuld
　　　　zu."

Der Reiz ging jeweils vom Erwachsenen-Ich
der Person A aus, doch B hat seine Reaktion
auf sein Kind-Ich überspringen lassen.

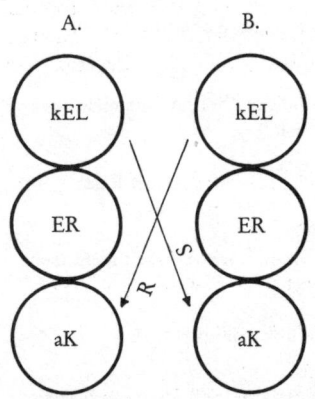

A.　　　　B.

S: (kEL→aK)
　　A.: „Ich warne Sie. Noch einen Fehler
　　　　und ich werde Konsequenzen ziehen."

R: (kEL→aK)
　　B.: „Ich werde mich beim Betriebsrat über
　　　　Ihr Verhalten beschweren."

Es werden Drohungen ausgetauscht; die Interaktion hat aggressiven Charakter.

Abb. 11: Überkreuztransaktion (Beispiel 4; vgl. Heinzel, 1983, S. 19)

Erkenntnis:
Wenn die Antwort nicht aus dem angesprochenen Ich-Zustand kommt, ergeben sich Überkreuztransaktionen, die die Kommunikation stören oder unterbrechen.

111

Verdeckte Transaktionen

Verdeckte Transaktionen verlaufen „im Gegensatz zu den bisher genannten nicht auf einer, sondern auf zwei Ebenen ..., nämlich einer offenkundigen (sozialen) und einer verborgenen (psychologischen) ... Auf letztere kommt es besonders an, da sie nicht in Worten Ausdruck findet ..., sondern ihr Sinn hinter den gesprochenen Worten der sozialen Ebene erahnt werden muß (daher verdeckt). Sie wird als unaufrichtig charakterisiert ..." (Rogoll, 1976, S. 36). Verdeckte Transaktionen sind noch weit konfliktträchtiger als gekreuzte.

Beispiele:

Im folgenden Gespräch (Heinzel, 1983, S. 20) geht es um eine duplexe (doppelte) verdeckte Transaktion.

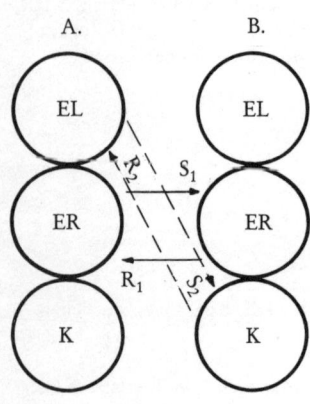

A.   B.

Abb. 12: Duplexe verdeckte
          Transaktion

S_1: (ER→ER)
A.: „In Zukunft möchte ich, daß Frl. X. diese Berichte schreibt, da Sie überlastet sind."

A. gibt eine sachliche Anweisung. Auf der verdeckten Ebene hört oder phantasiert B jedoch folgende abwertende Äußerung von A:

S_2: (EL→K)
A.: „Ich bin mit Ihrer Arbeit nicht mehr zufrieden."

B reagiert auf diesen verdeckten Reiz:

R_1: (ER →ER)
B.: „Sind Sie mit meiner Arbeit nicht mehr zufrieden?"

B. reagiert gefühlsmäßig:

R_2: (K → EL)
„Hoffentlich ist er zufrieden."

Wie Sie gesehen haben, sind bei den doppelten verdeckten Transaktionen bei beiden Partnern je zwei Ich-Zustände im Spiel. Im Gegensatz dazu sind bei gewinkelten (angulären) verdeckten Transaktionen insgesamt nur drei Ich-Zustände beteiligt. Als typisches Beispiel dafür wird in der transaktionsanalytischen Literatur häufig die folgende Interaktion angeführt (Berne, 1970, S. 37 f.; Rogoll, 1976, S. 37; Rautenberg/Rogoll, 1980, S. 92 ff.; Wandel, 1977, S. 110 f.).

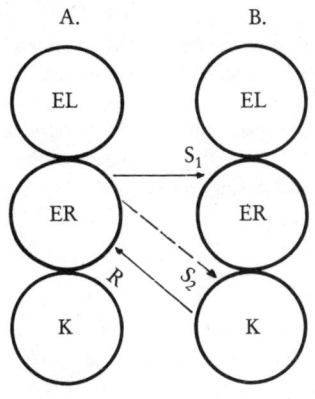

A.　　　　B.

Abb. 13: Anguläre verdeckte
　　　　　Transaktion

A ist ein Verkäufer, B ein Kunde

S_1: (ER→ER)
S_2: (ER→K)
　A.: „Dieser Apparat hier ist besser, aber
　　　den können Sie sich nicht leisten."

R: (K→ER)
　B.: „Genau den werde ich nehmen."

Die Antwort auf die Äußerung des Ver-
käufers kommt aus dem in seiner Eitelkeit
verletzten Kind-Ich des Kunden, auf das es
der auf seinen Vorteil bedachte Verkäufer
ja abgesehen hat.

Der gezielte Einsatz der Dreieckstransaktion ermöglicht es in vielen Fällen, den Gesprächsverlauf zu steuern und die Entscheidungen des Interaktions- partners zu beeinflussen. Rautenberg/Rogoll (1980, S. 93 f.) weisen in diesem Zusammenhang allerdings auf eine doppelte Problematik hin: „auch der ge- schickteste Manipulator hat keine Gewähr dafür, daß der andere wirklich aus dem verdeckt angesprochenen Element heraus antwortet. . . . Je weniger er sich von uneingestandenen Gelüsten oder Trotz- bzw. Angstreaktionen steu- ern läßt, um so weniger wird er auf das Angebot der verdeckten Ebene einge- hen . . ." Zudem ist „das durch die verdeckte Transaktion erzielte Ergebnis ein *Augenblicks*resultat . . ."

Erkenntnis:
Verdeckte Transaktionen maskieren sich als ein Angebot zu einer ER-ER- Interaktion; hinter dieser Maske wird jedoch bewußt das Kind-Ich des Part- ners angesprochen.
Bei Transaktionen, die auf einer offenkundigen und einer verdeckten Ebene ablaufen, wird meist nicht die offene, sondern die verdeckte Botschaft beant- wortet.

113

Rogoll (1976, S. 38) und Heinzel (1983, S. 21) geben für den Umgang mit verdeckten Transaktionen u.a. folgende Ratschläge:
- Prüfen Sie Ihre Ich-Zustände.
    ...Ist Ihr Erwachsenen-Ich wirklich so schwach?
    ...Wie würde sich in einer bestimmten Situation jeder einzelne Ihrer Ich-Zustände für sich entscheiden?
    ...Kann Ihr Erwachsenen-Ich der Antwort Ihres Kind-Ichs zustimmen?
- Wenn Sie spüren, daß Sie in einem Gespräch verdeckte Botschaften gesendet haben, so decken Sie diese auf.
- Sollten Sie den Eindruck haben, Ihr Interaktionspartner phantasiert, was Sie verdeckt gemeint haben könnten – meistens geht es in einem solchen Fall um Abwertungen –, so sprechen Sie ihn offen darauf an.

Welche Ich-Zustände bevorzugen Sie?

Die gesamte seelische Energie eines Menschen verteilt sich unterschiedlich auf die einzelnen Ich-Zustände. „Da die seelische Gesamtenergie in einer Person konstant ist, kann einem Ich-Zustand nur auf Kosten eines anderen mehr Energie zufließen. ...In einer gesunden Persönlichkeit finden sich sämtliche Ich-Zustände mehr oder minder stark vertreten, und sie sollten auch gleichberechtigt – jeder seiner Aufgabe entsprechend – genutzt werden. ... Unsere tragfähigen Entscheidungen sind ... diejenigen, die wir im Einklang aller drei Ich-Zustände treffen: mit dem klaren Bewußtsein unseres ER, dem ermutigenden Zuspruch des EL und der natürlichen Begeisterung des K" (Rogoll, 1976, S. 20 ff.).
Eltern-Ich und Kind-Ich entwickeln sich früher als das Erwachsenen-Ich. Das Erwachsenen-Ich scheint das ganze Leben hindurch Schwierigkeiten zu haben, diesen Vorsprung einzuholen.
Harris (1975, S. 118) nennt als Möglichkeiten ein starkes ER aufzubauen, um konfliktträchtige Interaktionen vermeiden bzw. bewältigen zu können, u. a.:
- Erforschen Sie Ihr Kind-Ich (Ihre verwundbaren Stellen, Ihre Ängste, Ihre autonom ablaufenden Emotionen).
- Lernen Sie Ihr Eltern-Ich zu erkennen (Ihre festen Überzeugungen und Wertvorstellungen und die Möglichkeiten, sie auszudrücken).
- Seien Sie aufgeschlossen gegenüber dem Kind-Ich anderer Menschen; sprechen Sie es an, streicheln Sie es, beschützen Sie es und fördern Sie seine Spontaneität.
- Reagieren Sie bei wichtigen Entscheidungen nicht zu schnell (zählen Sie zum Beispiel zuerst auf zehn), um Ihrem Erwachsenen-Ich Gelegenheit zu geben, die Ansprüche aus den anderen Ich-Elementen von der Realität zu trennen.

- Wenn Sie sich einer Sache nicht zureichend sicher sind, dann lassen Sie sie unausgesprochen.
- Erarbeiten Sie sich ein Wertesystem, denn ohne ethische Basis sind Entscheidungen des Erwachsenen-Ichs auf die Dauer gesehen ohne Ordnung und Ziel.

Grundbedürfnisse

In der Transaktionsanalyse geht man von drei Grundbedürfnissen des Menschen aus (Berne, 1970, S. 12 ff.).
- Bedürfnis nach Anregung (stimulus hunger)
- Bedürfnis nach Zuwendung (hunger for strokes)
- Bedürfnis nach Zeitstruktur (hunger for time structure)

Forschungen von René Spitz u.a. haben den Nachweis erbracht, daß eine einwandfreie materielle und hygienische Versorgung eines Kindes allein, zu einer gesunden Gesamtentwicklung nicht ausreicht, sondern, daß dazu auch der soziale, emotionale und sensorische „Reizhunger" des Kindes gestillt werden muß.

Spitz (1945) verglich mit Hilfe von Tests Verlaufsformen und Fortschritte der Entwicklung bei zwei Gruppen von Kindern. Eine Gruppe lebte in der Kinderabteilung eines Frauengefängnisses, die andere in einem Findelheim, von wo aus die Kinder zur Adoption freigegeben werden sollten. Beide Gruppen wurden physisch gut versorgt, hatten jedoch sehr unterschiedliche Kontakte zu ihren Pflegepersonen. Die Kinder im Frauengefängnis durften täglich einige Zeit mit ihren Müttern zuammensein, während die Kinder im Heim nur sehr wenig Kontakt mit ihren Pflegerinnen hatten.

Am Ende des ersten Lebensjahres zeigten die Testergebnisse, daß die Heimkinder in ihrer Gesamtentwicklung stark zurückgeblieben waren, während die Kinder im Frauengefängnis einen dem Durchschnitt ihrer Altersgruppe entsprechenden Entwicklungsstand aufwiesen.

Wenn Kinder in den ersten eineinhalb Lebensjahren in einem anregungsarmen Milieu ohne Kontakt zur Mutter oder einer sie ersetzenden Bezugsperson aufwachsen, entstehen Entwicklungsrückstände und Fehlentwicklungen, die man als „Hospitalismus" bezeichnet. Hospitalismus wird u.a. durch folgende Symptome charakterisiert:
- leichte emotionale Erregbarkeit, launisches Verhalten
- Neigung zu Trotzreaktionen bei frustriertem Kontaktstreben
- grundlose, z.T. sadistische Aggressionen gegen Gleichaltrige (aus Eifersucht)
- Apathie, Depressionen, Ängstlichkeit
- verstärkte Weinerlichkeit, Wimmern

- Ersatzbefriedigungen, wie zum Beispiel Jaktationen (Schaukelbewegungen des Kopfes oder auch des ganzen Körpers)
- außerordentlich große Ansprüche hinsichtlich Kontakt, Beachtung durch Erwachsene und Besitz
- Retardierung der geistigen Entwicklung (Sprechen, Denken, Wahrnehmung)
- Rückstände in der körperlichen und motorischen Entwicklung
- erhöhte Anfälligkeit für Infektionen

Spitz nahm als Ursache für die Störungen des Entwicklungsprozesses der Heimkinder die fehlende Mutter-Kind-Beziehung an; er betonte die Einmaligkeit und Unersetzlichkeit der Mutterliebe. Ergebnisse später durchgeführter Untersuchungen stützen diese Ursachenerklärung nicht. Ein Verwandtschaftsverhältnis zwischen Kind und Pflegeperson ist für das Entstehen befriedigender erster Sozialbeziehungen des Kindes nicht erforderlich. Gegenwärtig geht man davon aus, daß es nicht speziell auf die Beziehung Mutter-Kind ankommt, sondern, daß Entwicklungsrückstände und Fehlentwicklungen durch allgemein verringerte emotionale Zuwendung und Reizminderung verursacht werden.

Die Möglichkeiten einer Überwindung von Entwicklungsschäden werden nach den Ergebnissen verschiedener Untersuchungen in neuerer Zeit allerdings etwas weniger pessimistisch eingeschätzt als das früher der Fall war. Dennis/Najarin (1957) und Sayegh/Dennis (1965) zeigten, daß, durch gezielt angewandte kompensatorische Maßnahmen, die Korrektur von Störungen des sozialen Lernens und der körperlich-seelischen Entwicklung, die durch ungenügende sozial-emotionale Betreuung im ersten Lebensjahr entstanden sind, im Bereich des Möglichen liegt.

Jeder Mensch hat ein natürliches Bedürfnis nach Zuwendung. „Das Sicheinem-anderen-Zuwenden, ihn in seinem Dasein zur Kenntnis nehmen, unbedingt oder bedingt, freundlich oder hart, bezeichnet man im Englischen als *stroke*" (Rautenberg/Rogoll, 1980, S. 100). „Erhaltene Zuwendung, sei sie auch noch so negativ, ist aber immer noch besser als überhaupt keine. Jeder von uns kennt das Gefühl, mit Absicht übersehen, einfach wie Luft behandelt zu werden. . . . Bei genügend langem Andauern dieses geflissentlichen Übersehens eines Menschen kann dieser schwerwiegende seelische und körperliche Schäden davontragen" (Rogoll, 1976, S. 41).

Wird das grundlegende seelische Bedürfnis eines Menschen nach Zuwendung (stroke-Hunger) nicht erfüllt, so kann er die eigenartigsten Strategien entwickeln, um sich Zuwendung zu erzwingen. In diesem Zusammenhang sind zu nennen: Wutausbrüche, Trotzreaktionen, Ungehorsam, Beleidigungen, Vergehen und Verbrechen, psychische oder somatische Symptome, ...

Mit dem Grundbedürfnis des Menschen nach Zeitstruktur ist gemeint, daß je-

der Mensch eine Gliederung im zeitlichen Ablauf benötigt, „um z.B. nicht vor Langeweile (oder Zeitdruck) zu vergehen . . . .
Jeder von uns ist beim Ausfüllen seiner Zeit hungrig nach Beachtung, Anerkennung und Liebe durch andere Menschen, denn wir möchten gewiß sein, daß wir irgendwohin gehören, zu Hause oder am Arbeitsplatz" (Rogoll, 1976, S. 45).

Vier Grundeinstellungen (Lebenseinstellungen) des Menschen

Aus der Art und Weise wie die menschlichen Grundbedürfnisse nach Anregung, Zuwendung und Zeitgliederung in der Kindheit befriedigt wurden, ergeben sich – aus transaktionsanalytischer Sicht – vier Lebenseinstellungen des Menschen.
– Ich bin o.k. – Du bist o.k.
Berne, Rogoll/Rautenberg u. a. sind im Gegensatz zu Harris der Meinung, daß die Grundhaltung des ganz kleinen Kindes lautet: Ich bin o.k. – Du bist o.k. . Das Baby erlebt sich als Mittelpunkt der Familie, um den sich alles dreht. Wenn das kleine Kind „reden könnte, würde es seine Empfindungen wohl in die Worte kleiden: ,Mit mir ist alles in Ordnung, und du bist mir recht, so wie du bist.' Diese frühe Grundeinstellung der tiefen Übereinstimmung mit sich selbst und des ruhigen Geltenlassens des anderen kann durchaus ein Leben lang das Verhältnis eines Menschen zu seiner Mitwelt bestimmen" (Rautenberg/Rogoll, 1980, S. 174).
Diese Grundhaltung wird jedoch auf jeden Fall erschüttert, wenn das Kind – meist sehr früh in seinem Leben – die Erfahrung macht, daß nicht mehr alle seine Bedürfnisse befriedigt werden.
– Ich bin nicht o.k. – Du bist o.k.
Das kleine Kind gerät sehr bald in Situationen, in denen es sich als hilflos und seiner Umgebung ausgeliefert erlebt. Das Kind kann dabei in seiner *Angst* die Überzeugung gewinnen: „,Ich kann schreien, so viel ich will, wenn ich die andern brauche, bin ich ihnen gleichgültig, also bin ich wohl nicht wichtig: letztlich muß mit mir etwas nicht in Ordnung sein. . . .' " (Rautenberg/Rogoll, 1980, S. 175).
Ein Mensch, der auf diese Einstellung fixiert bleibt, fühlt sich permanent anderen gegenüber benachteiligt; er übernimmt eine Lebensrolle, die von Gefühlen der Resignation, Minderwertigkeit, Sinnlosigkeit und Verzweiflung bestimmt ist.
– Ich bin nicht o.k. – Du bist nicht o.k.
Hat das Kind Laufen gelernt und andere motorische Fähigkeiten entwickelt, ist es nicht mehr so sehr auf Hilfestellungen aus seiner Umwelt angewiesen. Das Kind erlebt dies als Verlust an Zuwendung, der dazu

führt, daß auch andere Menschen als nicht mehr o.k. empfunden werden. Die Einstellung „Ich bin nicht o.k. – Du bist nicht o.k." eröffnet für das Leben keinerlei positive Aspekte. Bleibt ein Mensch auf dieses Stadium seiner Entwicklung fixiert, wird seine Lebensrolle bestimmt von Destruktivität, die sich auf die Umwelt oder gegen ihn selber richten kann.

– Ich bin o.k. – Du bist nicht o.k.

Die Haltung „Mit mir ist alles in Ordnung, aber bei den anderen stimmt etwas nicht" wird relativ selten entwickelt. Sie bildet sich zum Beispiel heraus, wenn Kinder häufig durch Personen aus ihrer Umwelt mißhandelt werden. Die Pausen zwischen diesen schmerzlichen Erlebnissen – d.h. Zeiten, in denen das Kind mit sich *allein* ist – werden dann als positiv erlebt. Daraus wird der Schluß gezogen: „Mit mir allein bin ich o.k. – alle anderen sind nicht o.k.". Fixiert sich diese Haltung, kommt es meist zu schweren sozialen Erkrankungen (Isolation, Kriminalität).

Fanita English (1976) hat diesen vier Lebenseinstellungen eine fünfte hinzugefügt:

– Ich bin o.k. – Du bist o.k. (realistisch)

Diese Grundhaltung des „Gelten und Geltenlassens" kennt keinen Verlierer; sie resultiert *nicht* wie die ersten vier Grundeinstellungen aus der Verarbeitung unbewußter Erfahrungen der frühen Kindheit, sondern sie ist das Ergebnis der Arbeit des Erwachsenen-Ichs. Diese realistische Grundhaltung entsteht durch Erarbeitung eines Wertesystems und durch die bewußte Entwicklung von Verantwortungs- und Solidaritätsgefühl. „Sie ist vielleicht die tragfähigste unter allen Grundeinstellungen, denn sie schließt das Verständnis ein für die Mitmenschen, die noch in der zweiten oder dritten Grundeinstellung verharren – die derjenige für sich selbst überwunden hat, der die fünfte einnimmt" (Rautenberg/Rogoll, 1980, S. 179).

Psychospiele

„Ein Psychospiel ist ein typischer Handlungs- und Gesprächsablauf, der sich öfter wiederholt, ähnlich wie in einem Drama, das oft aufgeführt wird und wo dann die gleiche Szene zwar auf verschiedenen Bühnen und von verschiedenen Darstellern, aber im Ablauf immer gleich dargestellt wird" (Rautenberg/Rogoll, 1980, S. 125). „Von einem ‚Spiel' ist ... immer dann zu sprechen, wenn eine Person mit einer anderen, ‚ihr Spiel' treibt, um einen bestimmten Vorteil zu gewinnen. Dieser Vorteil ist in der Perspektive der transaktionsanalytischen ‚Spielanalyse' ein *psychologischer*, der immer in irgendeiner Weise in einer Kompensation des Nicht-o.k.-Gefühls dessen besteht, der dieses ‚Spiel' einleitet" (Wandel, 1977, S. 114 f.). Der „Spieler" versucht das lähmende Gefühl der eigenen Minderwertigkeit dadurch auszugleichen, daß er bei seinem Mit„spieler" („Opfer") ein Nicht-o.k.-Gefühl verursacht. Durch diesen Trick verschafft sich der „Spieler" wenigstens für kurze Zeit das Gefühl: Mit mir ist alles in Ordnung.

In aller Regel tritt bei einem solchen „Spiel" noch ein dritter Teilnehmer auf; ein Akteur, der das „Opfer" tröstet und ihm hilft, ihm sagt was es tun und lassen soll – kurzum jemand, der es „gut" mit ihm meint („Retter"). Diese drei Hauptakteure interagieren miteinander „in der Rolle des Opfers (ich bin hilflos, du bist besser als ich, ich bin nicht o.k. – du bist o.k.), in der Rolle des Retters (ich kann mehr als du, ich bin o.k. – du bist nicht o.k.) und in der Rolle des Verfolgers (ich bin besser als du, du taugst absolut nichts, ich bin o.k. – du bist nicht o.k.)" (Rogoll, 1976, S. 55).

Psychospieler neigen dazu, sich selbst, andere Menschen oder die Wirklichkeit abzuwerten und die Verantwortung bevorzugt auf andere abzuwälzen.

In manchen Situationen versuchen Psychospieler durch pausenloses Hin- und Hergehen, nicht enden wollendes leeres Gerede u.ä. zu vermeiden, sich der Verantwortung für ihr Denken, Fühlen und Handeln stellen zu müssen. Zur eigenen Rechtfertigung und um sich selbst wichtig zu machen übertreiben sie häufig, wenn sie vom Verhalten anderer Menschen erzählen.

Gelegentlich verharren Psychospieler im Nichtstun und hoffen, daß andere Personen die Verantwortung übernehmen, oder sie bemühen sich, es allen recht zu machen, weil sie die Bedeutung anderer höher einschätzen als die eigene und weil sie Menschen, die sie für so wichtig halten, keine Enttäuschung zumuten wollen.

Allen Psychospielern „ist gemeinsam, daß sie danach trachten, andere in ihr Spielsystem hineinzuziehen" (Heinzel, 1983, S. 34). „Am Ende hat mindestens ein Beteiligter, meist haben mehrere *ungute Gefühle*" (Rautenberg/Rogoll, 1980, S. 147).

Psychospiele können aus der Position des Verfolgers, des Opfers oder des Retters heraus gespielt werden. Im transaktionsanalytischen Schrifttum findet man etwa fünfzig solcher Spiele beschrieben, von denen einige kurz vorgestellt werden sollen.

– „Meins ist besser als deins" (Rautenberg/Rogoll, 1980, S. 124)
Dieses Spiel erfreut sich nicht nur bei Kindern großer Beliebtheit.

Beispiel

A und B – zwei Freunde – unterhalten sich angeregt über ihre Autos. Die Unterhaltung ist freundlich und entspannt. Plötzlich schlägt die angenehme Grundstimmung – keiner der Beteiligten weiß eigentlich wieso – um; das Gespräch bekommt einen aggressiven Charakter. Die beiden Freunde verabschieden sich schließlich frostig voneinander. Beide beklagen sich später Dritten gegenüber: A: „Aus Neid schnappt der B immer gleich ein, wenn ich ihm die Vorzüge meines neuen Wagens klarmache"; B: „Der A gibt jedesmal schrecklich an mit seinem Riesenschlitten –

und das nur, weil ich immer noch den alten Wagen habe. Ich habe es eben
nicht nötig anzugeben."
- „Da habe ich dich erwischt" . . .„Jetzt habe ich dich *endlich* erwischt" . . .
„Hab ich dich *doch* erwischt" . . . „Hab ich dich *auch* erwischt" . . . (Rau-
tenberg/Rogoll, 1980, S. 50).
Bei Berne (1970, S. 105) und Rogoll (1976, S. 60) heißt dieses Spiel: „Jetzt
hab ich dich endlich, du Schweinehund". Rautenberg/Rogoll (1980, S. 50)
beschreiben dieses Psychospiel anhand eines Beispiels aus dem Büroleben:
„Manche Sekretärin kann ein Lied davon singen, mit welcher Beharrlich-
keit der Herr Direktor sich darüber ausschweigt, daß 40 Seiten im letzten
Bericht völlig fehlerfrei waren, und mit welcher traumhaften Sicherheit er
den einzigen Fehler auf Seite 41 gleich entdeckt, um nachsichtig auszubes-
sern: ‚Sehen Sie, Frau Meier, hier würde ich lieber ein th schreiben, so
steht's ja auch im Duden, nicht?' Das Psychospiel ‚Da habe ich dich erwischt'. . . bestätigt dem Spieler wieder seine Grundeinstellung, nämlich
daß *der andere* noch so gut aussehen oder noch so tüchtig sein kann, ir-
gendwas ist mit ihm nicht in Ordnung."
- „Sieh bloß, was du angerichtet hast" (Berne, 1970, S. 109; Rogoll, 1976,
S. 60)
Bei diesem Psychospiel gibt ein Spieler die Schuld an einem Fehler, den
er selber gemacht hat, seinem Partner und schiebt ihm damit die Position
„Nicht-o.k." zu. Dadurch gelangt der Spieler vorübergehend in den Ge-
nuß von o.k.-Gefühlen.
Beispiel
Die Kinder fragen den Vater, ob sie heute länger aufbleiben dürfen. Der
Vater erlaubt es ihnen bis 21 Uhr. Die Kinder laufen zur Mutter und sagen
ihr, daß sie erst um 21 Uhr ins Bett müssen. Kommentar der Mutter: „Das
könnte euch so passen – ihr geht gleich schlafen". Die Kinder beginnen
laut zu weinen. Die Frau sagt darauf vorwurfsvoll zu ihrem Ehemann:
„Sieh, was Du wieder einmal angerichtet hast".
Der Familienstreit wurde von der Mutter ausgelöst; sie versucht jedoch
dem Vater die Schuld daran zuzuschieben. Wie Sie sicher aus Erfahrung
wissen, ist die Methode nicht selten erfolgreich.
- „Wenn Du nicht wärst . . ." (Berne, 1970, S. 134; Rogoll, 1976, S. 60; Rau-
tenberg/Rogoll, 1980, S. 133).
Dieses Psychospiel läuft gelegentlich zwischen Ehe- und Geschäftspart-
nern ab. Es „dient hauptsächlich dazu, Fehler, Mißerfolge, Entbehrungen,
Unausgeglichenheit, Unstimmigkeit und Maßlosigkeit auf ‚den anderen'
abzuschieben (zu projizieren)" (Rogoll, 1976, S. 60).
Beispiel
Ehemann: „Ich muß heute abend länger im Betrieb bleiben."
Ehefrau: „Und ich sitze wieder allein zu Hause."

Ehemann: „Hab' doch bitte Verständnis dafür."

Ehefrau: „Nein! Wenn du nicht wärst, könnte ich ein freies Leben haben und müßte nicht daheim versauern."

Um in Psychospielen, die andere inszenieren, zu bestehen, ist es notwendig, verschiedene Abwehrstrategien durchzudenken.

Ein Beispiel aus dem Bereich Schule:

Ein begabter Schüler mit guten Noten wird wegen seines häufig auftretenden jähzornigen Verhaltens von seinen Mitschülern gefürchtet und gleichzeitig bewundert. Die Wutanfälle treten regelmäßig auf, wenn er sich meldet und ein anderer Schüler, der auch „gestreckt" hat, gefragt wird oder wenn an ihn Forderungen, die ihm unbequem sind, gestellt werden. Der Lehrer versucht zuerst mit Tadel, dann mit Strafe eine Verhaltensänderung des Schülers zu bewirken. Die Bemühungen bleiben ohne Erfolg.

Um das Problem zu lösen, müßte sich der Lehrer die Frage stellen, was der Schüler mit seinem Verhalten bezwecken will. Offensichtlich strebt er die Zuwendung des Lehrers und die der Mitschüler an. Dabei akzeptiert er auch die negative Zuwendung des Lehrers in Form von Tadel oder Strafe. Der Lehrer könnte sich an den Schüler wenden und das Spiel beim Namen nennen, das er inszeniert; er könnte in diesem Zusammenhang etwa zu dem Schüler sagen: „Eigentlich finde ich das sehr schlau, was du da machst. Du hast zwar einerseits deswegen dauernd irgendwelchen Ärger mit mir, andererseits bist du für deine Klassenkameraden eine tolle Person. Sie bewundern dich und ich kümmere mich auch mehr um dich als um andere. Du stellst dich auf diese Weise geschickt in den Mittelpunkt – wie bei einem Theaterstück. Das hast du aber gar nicht nötig. Wir schätzen dich auch ohne solche Spielchen! Probiere es einmal aus" (vgl. Wandel, 1977, S. 162). Der Lehrer wendet sich von seinem Erwachsenen-Ich aus an das Erwachsenen-Ich des Schülers, gleichzeitig verteilt er unterschwellig einige Streicheleinheiten an das Kind-Ich des Schülers. Auf diese Weise kann wieder eine Parallel-Transaktion geschaffen werden.

Wie Sie gesehen haben, werten Psychospieler sich und andere ab und versuchen sich um Verantwortung zu drücken. Hier muß angesetzt werden: *„Jeder* Mensch kann das Abwerten anderer einstellen und (Ränke)spiele verweigern, indem er die Bedürfnisse und Gefühle seines eigenen K anerkennt und, um diese zu befriedigen, entsprechend vernünftige Möglichkeiten wählt!... Passives Verhalten ablegen und Verantwortung für sein Denken, Handeln und Fühlen übernehmen ist ein wichtiger Schritt auf dem Weg zum Gewinner" (Rogoll, 1976, S. 68 und S. 70).

Grundlegene Spielstrategien können vom Betroffenen oder seinem Partner nur außerordentlich schwer beeinflußt werden. Das Rollenspiel, das zu sein, was man nicht ist, aufzugeben, fällt äußerst schwer. Wenn man nicht damit leben will – etwa weil der psychosomatische Leidensdruck unerträglich geworden ist – muß man sich in eine Therapie begeben. Auf der Grundlage einer von einem speziell dafür geschulten erfahrenen Fachpsychologen durch-geführten Lebensrollen-Analyse kann eine transaktionsanalytische Therapie effizienter sein als der Einsatz psychoanalytischer Techniken.

Im Gegensatz dazu eröffnet die transaktionsanalytische Interaktionsanalyse auch dem interessierten Laien, der sich um eine vertiefte Kenntnis der zugrun-deliegenden Theorie bemüht hat, Möglichkeiten, Störungen der Kommunika-tion zwischen Menschen, die psychisch gesund sind, zu erklären und das Umgehen miteinander zu verbessern. Das einfache, verständliche Modell der Transaktionsanalyse bietet sich in diesem Zusammenhang als Selbsthilfepro-gramm zur Erfassung des eigenen Verhaltens, zur Analyse der Interaktionen mit anderen Menschen und ggf. zur Änderung des eigenen Verhaltens gerade-zu an.

Das Ziel, das es zu erreichen gilt, besteht darin, eigenes und fremdes Verhalten genau zu beobachten, zu analysieren und sich im Sinne einer Verbesserung der Kommunikation zu verhalten.

- Versuchen Sie, das Verhalten eines Gesprächspartners, mit dem Sie in menschlicher Hinsicht Schwierigkeiten haben, objektiv zu beschreiben. Hüten Sie sich in diesem Zusammenhang davor, etwas als Beobachtung auszugeben, was in Wirklichkeit bereits eine Beurteilung ist. Verhalten ist die Sammelbezeichnung für alle Reaktionen eines Organismus, die direkt beobachtbar oder sicher erschließbar sind. „Verhalten" im Sinne dieser Definition hat nicht die Bedeutung von „Benehmen" oder „Betragen". Es sind damit auch keine Interpretationen und Zuschreibungen wie etwa „Treue" oder „Heimtücke" gemeint.
- Versuchen Sie herauszufinden, in welchem Ich-Zustand sich Ihr Ge-sprächspartner befindet. Fragen Sie sich, weshalb dies der Fall ist. Wie ha-ben Sie sich bisher dazu verhalten?
- Stellen Sie fest, aus welchem Ich-Zustand heraus Sie agiert haben.
- Beantworten Sie sich die Frage: Wie sollte ich jetzt – aufgrund meiner transaktionsanalytischen Kenntnisse – handeln?

In diesem Zusammenhang sollten Sie sich vor einer falschen Wertschätzung der einzelnen Ich-Zustände hüten: Vielfach meint man, das Kind-Ich ablegen zu müssen und betrachtet das Erwachsenen-Ich als ideal. Ein Verkäufer zum Beispiel, der nur im Erwachsenen-Ich-Zustand handeln würde, hätte wohl kei-ne großen Verkaufserfolge, da ihm die Spontaneität abginge und er mit zu we-nig Engagement Verkaufsgespräche führen würde. Er muß jedoch gelegentlich auch – etwa einem resoluten Einkäufer gegenüber – ein bestim-mendes Auftreten zeigen, also aus seinem Eltern-Ich heraus handeln, wenn er Erfolg haben will.

Wollen Sie Ihre Verhaltensweisen, Grundeinstellungen und Gefühle wirklich ändern?

Als Abschluß und Zusammenfassung des Kapitels seien einige Ratschläge angeführt, die Ihnen helfen können, sich selbst zu entwickeln (vgl. auch Heinzel, 1983, S. 61 ff.).

- Akzeptieren Sie sich selbst, sagen Sie ja zu sich nach dem Motto: „Ich bin o.k.". Diese Einstellung ist die Grundlage für Veränderungen. Aus der Nicht-o.k.-Position heraus müssen Sie sehr viel Energie darauf verwenden, „das unerwünschte Verhalten abzuwehren"; Energie, die Sie besser dazu benutzen sollten, „Neues zu erlernen und auszuprobieren".

- Selbstentfaltung durch die Weckung schlummernder Fähigkeiten eröffnet Wege zur eigenen Veränderung. Wenn Sie sich noch so anstrengen, Sie können keinen anderen Menschen verändern; das muß er selber tun.

- „Verantwortung für sich selbst übernehmen ist der erste Schritt zur Veränderung".

  Nachfolgende Formulierungen deuten zum Beispiel darauf hin, daß jemand die Verantwortung für sein Denken und Handeln übernommen hat:
  ...„Ich habe es nicht erreicht" (statt: „Es hat nicht geklappt")
  ...„Ich habe einen Fehler gemacht" (statt: „Mir passierte ein Fehler")
  ...„Hier will ich nicht offen reden" (statt: „Hier in dieser Firma kann man nicht offen reden")

- Ihre *Gefühle* können Sie durch Ihre *Gedanken* beeinflussen.

  Sie antworten mit Ihren Gefühlen auf die Signale anderer Menschen. Sie haben dabei die Freiheit, emotional so zu reagieren, wie Sie es der jeweiligen Situation für angemessen halten. Nicht andere haben Sie ärgerlich oder unglücklich gemacht; für Ihre Gefühle sind Sie selbst verantwortlich. Sie spüren zum Beispiel, wie in einer bestimmten Situation ein Gefühl des Ärgers in Ihnen hochsteigt. Ob Sie jetzt ruhig bleiben oder aggressiv reagieren, bestimmen Sie selbst; Ihr Verhalten liegt in Ihrer Hand. Gefühle und Verhalten sind nicht fest miteinander gekoppelt; sie laufen parallel, jedoch unabhängig voneinander ab.

16. Entspannung, innere Distanz und Gelassenheit kontra Ärger, Zorn und Wut

Leider erledigen sich nicht alle Schwierigkeiten von selbst. Ein sinnvoller Umgang mit Problemen im persönlichen Bereich liegt irgendwo in der Mitte zwischen den Polen
● zu forsches, verkrampftes Ändernwollen
  und
● Resignation
In einem ersten Schritt gilt es zu lernen, ein Problem anzunehmen und es – vielleicht sogar – zu durchleiden; dadurch kann sich keine neue Spannung aufbauen und die bereits vorhandene kann sich lockern. Im zweiten Schritt geht es darum, zu versuchen, das Problem an der Wurzel zu packen und es zu beseitigen oder – falls das nicht möglich ist – es so zu regeln, daß man damit (möglichst gut) leben kann.

16.1. Atmung als Schrittmacher der Entspannung

Beruhigung durch richtiges Atmen

Das Verbum „atmen" geht auf das Wort „atman" (Gott in mir) aus dem indischen Sanskrit zurück.
Die Atmung ist nicht nur lebenserhaltendes Prinzip, sondern gleichzeitig hochempfindlicher Indikator für die Stimmung eines Menschen: Vor Schreck oder Ehrfurcht hält man den Atem an, gelegentlich verfolgt man ein Geschehen in atemloser Spannung, will man jemand etwas Unangenehmes mitteilen, holt man erst einmal tief Luft, manche befürchten in Sorgen und Arbeit zu ersticken, wir alle werden auf die eine oder andere Weise in Atem gehalten. Menschen der westlichen Hemisphäre neigen im allgemeinen dazu, die Einatmung in den Vordergrund zu stellen. Beim Einatmen geht es um „aufladen" und „spannen", beim Ausatmen um „lösen" und „befreien". Beim richtigen Ausatmen wird nicht nur Atem *losgelassen* und u.a. Kohlendioxid abgegeben, sondern man wird in seiner ganzen Haltung *gelassener*. Bewußtes Ausatmen macht Sie gelöster und freier.
Viele Menschen atmen unnatürlich und verkrampft; meist wird die Hoch- oder Brustatmung praktiziert. Denken Sie in diesem Zusammenhang an den unseligen Ratschlag: „Brust raus, Schultern zurück, Bauch rein". Wer mit ein-

gezogenem oder eingeschnürtem Bauch atmet, behindert beim Einatmen das Ausweichen des Zwerchfells – der Trennwand zwischen Brust- und Bauchraum – nach unten; die eingeatmete Luft versucht den Brustkorb zu dehnen und zu heben.

Bei der Zwerchfell- oder Bauchatmung atmet man gewissermaßen in den Bauch hinein. Das Zwerchfell bewegt sich nach unten, Bauchdecke und Flanken wölben sich vor. Man hat das Gefühl, als gehe der Mittelpunkt des Rumpfes aus dem Brust- in den Bauchraum über. Aus dem Bauch heraus atmen ermöglicht Ihnen „inneres Loslassen" und schafft Gelassenheit.

Nutzen Sie diese Erkenntnisse in ärger- oder angstbetonten Konfliktsituationen. Versuchen Sie den Streß „wegzuatmen". Lassen Sie den Bauch ganz locker und atmen Sie besonders tief ein. Überlassen Sie sich anschließend ganz dem Ausatmen – denken Sie dabei das Wort „Ruhe".

Sie bemerken, wie Ihr Körper, nachdem er sich mit der Ausatemluft von seiner „Schlacke" befreit hat, von ganz allein – ohne jedes Zutun – die jeweils benötigte Menge Einatemluft in sich hineinsaugt. Das Einatmen kommt von selbst. *Beobachten* Sie Ihre Bauchatmung, vermeiden Sie es, bewußt hineinzuwirken.

Bewußtseinsübung

Versuchen Sie, sich in aggressionsbetonten Konfliktsituationen durch eine Bewußtseinsübung zu entspannen, um auf diese Weise Distanz zu Hast, Unruhe und Ärger zu gewinnen.

Machen Sie sich den Atemvorgang in der Nase bewußt; registrieren Sie den Luftstrom zwanglos, beobachten und verfolgen Sie die Ein- und Ausatmungsprozesse.

Richten Sie Ihre Aufmerksamkeit auf die Innenflächen Ihrer Nasenflügel, die der Atem berührt. Konzentrieren Sie sich auf den Punkt, an dem Sie den Luftstrom am leichtesten wahrnehmen können. Lenken Sie Ihre Gedanken auf die Kühleempfindung, die beim Einatmen entsteht. Nehmen Sie auftauchende Gedanken möglichst „neutral" zur Kenntnis und kehren Sie mit Ihrer Aufmerksamkeit wieder zu der Kühleempfindung zurück. Versuchen Sie *nicht*, die Atmung in irgendeiner Weise zu beeinflussen.

Atmen und die Macht der Vorstellung

Die Rhythmik der Atmung eignet sich besonders gut als Schrittmacher der Entspannung. Beim Ein- und Ausatmen empfinden Sie den Wechsel von Spannung und Entspannung. Sie spüren, wie sich beim Ausatmen die Entspannung vertieft.

Lassen Sie den Atem ausströmen, bis er gegen Ende des Ausatemvorganges kaum mehr spürbar ist. Den Zeitabschnitt, bis das Einatmen von selber kommt, nennt man Atempause.

Gedanken sind Kräfte, die nach Verwirklichung drängen. Deshalb kommt es entscheidend auf Inhalt, Qualität und Richtung unserer Gedanken an. Die Konzentration auf das Positive schwächt das Negative in uns und umgekehrt. Nehmen Sie eine bequeme Körperhaltung ein und entspannen Sie sich. *Beobachten* Sie, wie es in Ihnen atmet, wie Sie geatmet werden. Atmen Sie durch die Nase. Sprechen Sie in Gedanken mehrmals die Worte: „Ich bin vollkommen ruhig und entspannt."

Setzen Sie diese Übung — die auf die Techniken des Tantra-Yogas zurückgeht — in Streß-Situationen ein, um sich zu entspannen.

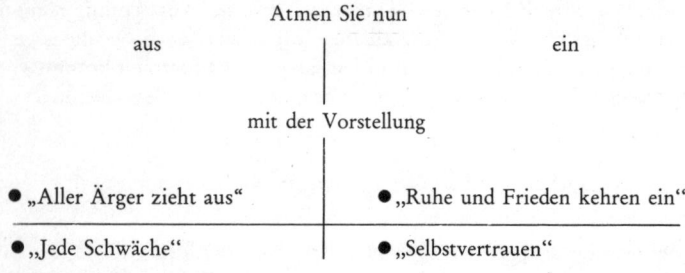

	Atmen Sie nun	
aus		ein
	mit der Vorstellung	
● „Aller Ärger zieht aus"		● „Ruhe und Frieden kehren ein"
● „Jede Schwäche"		● „Selbstvertrauen"

16.2. Gelassenheit durch Autogenes Training

Was ist Autogenes Training?

Das Autogene Training wurde von dem Berliner Nervenarzt und Psychotherapeuten Johannes Heinrich Schultz entwickelt; 1932 veröffentlichte er die Monographie „Das Autogene Training, konzentrative Selbstentspannung". Schultz starb im Jahre 1970 im Alter von 86 Jahren.

Die *Grundstufe* des Autogenen Trainings besteht aus der Ruhe-, der Schwere- und der Wärmeübung. Die *Unterstufe* umfaßt neben den Übungen der Grundstufe noch vier Übungen, die sich auf die Organsysteme Herz-Kreislauf, Atmung, Bauchraum und Kopf beziehen. Insgesamt geht es in diesem Zusammenhang — physiologisch betrachtet — um die willentliche Beeinflussung des vegetativen Nervensystems durch Autosuggestion; Ziel ist die Selbstentspannung, Entkrampfung und Beruhigung des Gesamtorganismus.

Die *Oberstufe* des Autogenen Trainings hat *nicht* etwa eine Perfektionierung der Übungen der Unterstufe zum Ziel. Die Oberstufe führt in meditative und psychoanalytische Bereiche und kann nur erlernt und praktiziert werden, wenn man die Unterstufentechnik sicher beherrscht, mindestens ein bis zwei Jahre Erfahrungen damit gemacht hat und wenn ein erfahrener Therapeut zur Verfügung steht.

Beim Autogenen Training geht es – wie bei jedem sinnvollen Training – um diszipliniertes Üben.

Grundgedanke:

Verkrampfungen und Verspannungen binden unsinnigerweise Energien. Diese so „blockierten" Energien können – durch die Kraft des eigenen Willens – auf positive Ziele (entsprechende Körperfunktionen; Konditionierung des seelischen Befindens) gerichtet werden.

Mit der Kraft der eigenen Vorstellung werden Gefühle und Zustände im Körper erzeugt; dadurch kann man sein eigenes Befinden *aktiv* beeinflussen.

Bekämpfung von Streß (Ärger, Zorn, Wut, Angst,...) durch Autogenes Training

Das Autogene Training fördert Gelassenheit, Selbstbeherrschung und Konzentration; es verhilft zur Schonung der eigenen Nerven und der Nerven anderer. Sie gewinnen dadurch Ruhe, Kraft, Selbstvertrauen, Übersicht und Überlegenheit.

Frustrationen und andere belastende Situationen, die uns bedrängen – und uns gleichsam zu *nahe* kommen – erzeugen Streß und Aggressionen. Abstand zu den Problemen eröffnet uns neue Sichtweisen und erschließt uns neue Perspektiven. Entspannung und Ruhe schaffen diese Distanz. Konditionierte Entspannung und formelhafte Vorsatzbildung spielen uns frei für angemessenes Handeln in belastenden Situationen.

Mit Hilfe des Autogenen Trainings können Sie jedoch echten Problemen des Lebens und persönlichen Entscheidungen *nicht* ausweichen; Selbsterkenntnis und Arbeit an sich selbst bleiben einem dadurch nicht erspart. Durch Entspannung schaffen Sie sich jedoch innere Stille, in der Sie die Realitäten Ihrer Lebenssituation klarer erkennen können.

Zu den Wirkungen des Autogenen Trainings in ärgerbetonten Streßsituationen werden nachfolgend einige Stellungnahmen von Experten dieses Verfahrens angeführt.

– „Die Affekte oder die Gemütserregungen dämpfen und beruhigen – diese Aufgabe kann mit Hilfe des Schultzschen Trainings bestens gelöst werden. Wenn es darum geht, Ärger abzuschütteln, Zorn gar nicht erst aufkommen zu lassen oder Spannungen abzubauen, dann ist das AT dringend anzuraten. Wer es gelernt hat, autogen zu trainieren, den wird die ‚Wut nicht mehr fressen', der wird nicht mehr ‚unter ständigem Druck stehen', dessen Ruhe und Gelassenheit wird sich auf sämtliche Organe übertragen" (Lindemann, 1978, S. 85 f.).

– „Mit Hilfe der Entspannung gelingt es, Ärger und Aufregung wirksam abzureagieren, ohne durch Wutausbrüche und Gereiztheit unsere Umwelt zu belasten. Die seelische Erregung fließt über die entspannten Schultern und Arme wie durch einen Blitzableiter ab" (Mengershausen, 1983, S. 7).

– „Die Grundstufe des autogenen Trainings versetzt den Übenden in den Ruhetonus. ... Autogenes Training ist ... eine ideale Methode zur Gesundheitsvorsorge. ... Aber auch im therapeutischen Bereich gelingt es oftmals, allein durch das regelmäßige Üben der Grundstufe, gestörte Funktionen im Organismus wieder zu normalisieren oder zumindest zu bessern. Das gilt vor allem für Beschwerden wie innere Unruhe, Reizbarkeit, Labilität, Konzentrationsmangel, Antriebsschwäche, Aggressivität und Nervosität ... "(Brand-Hetzel, 1982, S. 62).

– „Das autogene Training kann Ihnen nicht auf direktem Wege Belastungen, Probleme und Konflikte abnehmen. Mit seiner Hilfe können Sie jedoch günstigere Voraussetzungen schaffen, mit anstehenden Belastungen fertig zu werden. Sie können lernen, sich aus der konflikthaften Verstrickung zu lösen, mehr Abstand zu den unbewältigten Problemen zu bekommen. Ist das erreicht, gilt es ein aktives Konfliktlösungsverhalten zu übernehmen" (Brenner, 1978, S. 28).

– „Wie der Mensch, der lesen gelernt hat, nun lebenslänglich lesen ‚muß', wenn er Schriftzeichen sieht, ‚muß' dem autogen Trainierten eine entspannt gelassene Haltung zur zweiten Natur werden" (Schultz, J. H., 1977, S. 10). Schultz spricht in diesem Zusammenhang davon, daß Autogenes Training *gelassen*, aber *nicht gleichgültig* macht.

– „Das AT sollte jeder beherrschen, der sich selbst beherrschen will" (Lindemann, 1977, S. 129).

Grundstufe des Autogenen Trainings

Mit der Ruhe-, Schwere- und Wärmeübung läßt sich im wesentlichen das gleiche positive Ergebnis erzielen, wie mit dem Gesamtprogramm des Autogenen Trainings der Unterstufe. Diese Grundübungen genügen auch zum Einbau der formelhaften Vorsätze in die Motivdynamik des Unbewußten (vgl. Lindemann, 1977, S. 130).

Die Übungen der Grundstufe des Autogenen Trainings können Sie, wenn Sie sich gesund fühlen, ruhig allein lernen. Menschen, die an zu niedrigem Blutdruck leiden, Verhaltensgestörte und vegetativ Labile sollten sich jedoch an einen erfahrenen Therapeuten wenden. Das gilt auch für das Erlernen der anderen Übungen der Unterstufe; besonders bei der Herz- und der Kopfübung können durch Erwartungsängste leichte Störungen des Allgemeinbefindens auftreten. Strikt verbietet sich das Autogene Training bei akuten Psychosen.

Raum und Zeit für das Üben

Sorgen Sie in Ihrem Übungsraum für *konzentrationsfördernde* äußere Bedingungen. Lassen Sie auf Ihre fünf Sinne möglichst wenige Umweltreize einwirken. Der Übungsraum sollte angenehm temperiert, leicht abgedunkelt und ruhig sein.

Trainieren Sie in der Regel dreimal täglich, bis Sie die Übungen zu Ihrer Zufriedenheit beherrschen.

Die für Sie günstigste Zeit zum Üben müssen Sie selbst herausfinden. Sie können zum Beispiel den Tag mit Autogenem Training beginnen, wenn Sie dafür sorgen, daß Sie fünf bis zehn Minuten früher aufwachen, als Sie das bisher gewohnt waren. Beschließen sollten Sie Ihren Tag auf jeden Fall mit einer Übungsphase unmittelbar vor dem Schlafengehen. Die dritte Trainingsphase können Sie u. U. in der Mittagspause absolvieren.

Wenn Sie häufig zu den gleichen Tageszeiten trainieren, bekommen diese Termine für Sie Signalfunktion.

Körperhaltungen beim Üben

Autogenes Training läßt sich am einfachsten im Liegen erlernen. In dieser Lage kann sich der menschliche Körper besonders leicht entspannen.

Legen Sie sich dazu flach und bequem auf den Rücken. Ihre Arme liegen locker neben dem Körper. Die Handinnenflächen zeigen nach unten. Ihre Beine sind gestreckt, die Fersen sind etwa eine Handbreit voneinander entfernt. Ihre Fußspitzen fallen locker nach außen. Die Schultern sind nicht hochgezogen.

Nicht immer haben Sie Gelegenheit im Liegen zu trainieren. Eine Übungshaltung, die Sie auf jeder beliebigen Sitzgelegenheit einnehmen können, ist der sogenannte Droschkenkutschersitz. Richten Sie sich dazu sitzend kurz auf und strecken Sie Ihre Wirbelsäule. Lassen Sie die Wirbelsäule nun – etwa wie ein Fotostativ – in sich zusammensinken. Beugen Sie sich dabei nicht zu sehr nach vorn; Sie pressen sonst Ihren Bauch zu stark und behindern Ihre Atmung. Der Kopf hängt locker nach vorn. Ihr Kinn berührt die Brust nicht. Spreizen Sie Ihre Beine leicht und legen Sie Ihre Unterarme bei angewinkelten Ellenbogen auf die Oberschenkel. Die Hände hängen spannungslos zwischen den Beinen, bei denen Ober- und Unterschenkel etwa einen rechten Winkel bilden. Bei dieser

Sitzhaltung liegt der „ruhende Pol" Ihres Körpers im Kreuz – also im unteren Bereich der Wirbelsäule.

Ruhetönung

Vor Beginn der eigentlichen Übungen des Autogenen Trainings müssen Sie sich die Vorformel „Ich bin vollkommen ruhig" gedanklich vergegenwärtigen. Diese Formulierung hat entspannende Wirkung und erleichtert Ihnen das allmähliche „Abschalten" – von Schultz als „Ruhetönung" bezeichnet; sie gibt die Zielrichtung aller Ihrer Bemühungen im Rahmen der Übungen der Unterstufe des Autogenen Trainings an. Diese Vorformel gehört strenggenommen bereits zu den formelhaften Vorsätzen ; Schultz wollte sie als „zielweisendes Einschiebsel" zwischen den eigentlichen Übungsformeln verstanden wissen.

Wenn Ihre Gedanken zu sehr abschweifen, können Sie sich vor Beginn der Übungen in Ihrer Phantasie ein „Ruhebild" ausmalen. Stellen Sie sich zum Beispiel vor: Sie liegen auf einer grünen Wiese auf einer Insel im Süden. Über Ihnen ein strahlend blauer Himmel, vor Ihnen das endlos weite Meer. Sie sind völlig ungestört, weit und breit kein anderer Mensch. Wählen Sie ein Motiv, das Ihnen angenehm ist und das auf Sie beruhigend wirkt. Legen Sie sich auf ein „Standardbild" fest. Stellen Sie es sich wiederholt vor, bis es schließlich in Ihrer Vorstellung stärker ist als Störbilder und ablenkende Gedanken.

Schwereübung

Bevor Sie mit der ersten Übung – der Schwereübung – beginnnen, ist es erforderlich, daß Sie sich auf Ruhe einstellen. Nehmen Sie Ihre Übungshaltung ein und sorgen Sie dafür, daß Sie nicht gestört werden.

Angestrebt wird die Entspannung des ganzen Körpers. Da es jedoch nicht gelingt, sich gedanklich auf einen so großen Bereich zu konzentrieren, beginnt man damit, die Gedanken zunächst auf einen Arm und seine Muskeln hinzulenken. Die Muskelgruppen seiner „Arbeitshand" bzw. seines „Arbeitsarmes" sind wegen ihrer häufigen Betätigung dem Menschen in besonders hohem Maße bewußt. Rechtshänder beginnen deshalb die autosuggestiven Übungen mit dem rechten, Linkshänder mit dem für sie „ich-näheren" linken Arm.

Schließen Sie die Augen, stellen Sie sich die Übungsformeln vor; Sie können die Worte innerlich „hören":

...„Ich bin vollkommen ruhig und gelassen"

...„Der rechte Arm ist ganz schwer"

Entwerfen Sie die bildhafte Vorstellung Ihres rechten Armes vor Ihrem „inneren Auge". Wünschen Sie sich den Schwerezustand. Sie können die Übungsformel wirksam unterstützen, indem Sie sich zum Beispiel vorstellen, an Ihrem Arm hänge eine schwere Tasche oder ein Blumenkorb. Oder denken Sie an die Empfindung der Eigenschwere Ihres Armes, wenn Sie in der Badewanne liegen und den Arm langsam über die Oberfläche des Wassers heben. Wichtig ist, daß Ihnen die entsprechende bildhafte Vorstellung angenehm ist. Denken Sie die Schwereformel mehrmals. Wenn Ihre Gedanken abschweifen oder wenn Sie sich sonstwie in Ihrer Konzentration gestört fühlen, stellen Sie sich vor: „Ich bin vollkommen ruhig und gelassen". Nach einigem Üben greift das Schweregefühl vom rechten auf den linken Arm, auf die Beine und schließlich auf den ganzen Körper über.

Lassen Sie während des Übens Ihre Atmung ruhig und ungehindert geschehen; nach Schultz „wie beim Schwimmen auf leicht bewegtem Wasser in passiver Rückenlage". Nicht Sie atmen, sondern Sie werden geatmet. Schultz wählte als Formulierung: „Es atmet mich". Beim Einatmen hebt sich die Bauchdecke leicht, bei der Ausatmung senkt sie sich. Die Brust bleibt dabei ruhig. Autogenes Training ist keine „Atemgymnastik". Überlassen Sie sich der sich selbst steuernden Atemfunktion: Die Sequenz Ausatmen – Pause – Einatmen wiederholt sich ganz von selbst. Beobachten Sie im Zustand der Ruhe Ihre Atmung wie sie ganz von selbst geschieht, ohne daß Sie dabei etwas tun müssen. „Der Atem ist der Schrittmacher der Entspannung. Die Einatmung ist die Erfrischungs- und Spannungsphase, die Ausatmung die Lösungsphase. Diese führt immer tiefer in die Entspannung hinein" (Mengershausen, 1983, S. 12).

„Dem Ängstlichen, der fürchtet, aus der Entspannung sich nicht selbst befreien zu können, sei gesagt, daß schon ein tiefer Atemzug – und dieser ist auch in tiefster Entspannung möglich – die Schwere aufhebt und die Hände wieder beweglich macht" (Mengershausen, 1983, S. 28).

Entspannung muß sich aus vertrauensvollem Geschehenlassen entwickeln. „Wenn der Übende sich allzusehr anstrengt, verhindert er dadurch oft den Erfolg. Man spricht vom ,Prinzip der paradoxen Intention'. Die bewußte Willensanstrengung reizt und verstärkt entgegengesetzte Impulse. Krampfhaftes Wollen einerseits und ängstlicher Zweifel andererseits hemmen die Realisierung. Schultz meint dazu, man sollte der Eigenneigung zur Passivierung nachgeben und in das Abgleiten einwilligen" (Lindemann, 1978, S. 34).

Sie sollten anfangs nicht zu lange trainieren; beenden Sie nach ungefähr drei Minuten die Übung, indem Sie sich selbst ein Zeichen (Kommando) geben, mit dessen Hilfe, die für die Bewältigung der Aufgaben des Alltags notwendige Anspannung der Muskulatur wieder hergestellt wird. Dieses „Zurücknehmen der Schwere" hat eine ähnlich „weckende" Funktion für Ihren Körper wie das Recken und Strecken nach einem erholsamen Schlaf.

Zurücknehmen der Schwere

Wenn Sie die Entspannungsübung beenden und die Schwereempfindung aufheben wollen, um sich wieder aktiv Ihren Aufgaben zuwenden zu können, müssen Sie Ihrem vegetativen Nervensystem ein Signal geben. Benutzen Sie für die *Zurücknahme* folgende Formel und führen Sie die Anweisungen entsprechend durch:
„Arme strecken und beugen,
tief atmen,
Augen auf"
Auch diese Formel wird nicht laut gesprochen oder leise gemurmelt, sondern nur gedacht. Stellen Sie sich die Formulierung, wie von einer inneren Stimme mit energischer Betonung gesprochen, vor. Gehen Sie dabei entschlossen und schwungvoll vor und halten Sie sich *unbedingt* an die Reihenfolge der Befehle. Wenn Sie zuerst die Augen öffnen, könnte es sein, daß Sie noch nach einigen Stunden Schwereempfindungen in Ihrem Körper wahrnehmen. Bleiben Sie nach dem Zurücknehmen noch etwa eine Minute in Ihrer Ausgangshaltung (Trainingshaltung) und genießen Sie das Gefühl der Entspannung und Erfrischung.
Sie müssen Ihre Schwereempfindungen immer dann zurücknehmen, wenn Sie nach den Übungen wieder aktiv sein wollen. Sollten Sie während des Trainings einschlafen, brauchen Sie danach nicht zurückzunehmen.
Denken Sie daran, auch wenn Sie mehrere Übungen hintereinander durchführen, daß Sie nur die *Muskel*entspannung zurücknehmen sollen. Die Entspannung der anderen Systeme Ihres Körpers sollte soweit wie möglich bestehen bleiben.

Wärmeübung

Ziel dieser Übung ist es, eine angenehme Wärmeempfindung hervorzurufen. Die entsprechende Formel für Rechtshänder lautet: „Der rechte Arm ist strömend warm". Bei dieser Übung werden durch die Kraft der Vorstellung die Blutgefäße entspannt, durch die Querschnitte fließt mehr Blut; der Blutdruck sinkt während dieser Übung etwas ab.
Am Anfang empfindet der autogen Trainierende gelegentlich ein Kribbeln und Prickeln in den „geübten" Körperteilen; nach einigem Üben entsteht dort ein Wärmegefühl, das sich bei weiterem Training in der Regel rasch auf andere Bereiche des Körpers ausbreitet.
Sie können die Übung bildhaft unterstützen, indem Sie sich zum Beispiel vorstellen, daß Ihr rechter Arm wärmenden Sonnenstrahlen ausgesetzt ist, oder daß Sie ihn in angenehm warmes Wasser tauchen.

Das komplette Trainingsprogramm für die Grundstufe lautet jetzt für Rechtshänder:

... „Ich bin vollkommen ruhig und gelassen"
... „Der rechte Arm ist ganz schwer"(Formel mehrmals wiederholen)
... „Ich bin vollkommen ruhig und gelassen"
... „Der rechte Arm ist ganz schwer" (Formel mehrmals wiederholen)
... „Ich bin vollkommen ruhig und gelassen"
... „Atmung ganz ruhig und gleichmäßig" (Formel mehrmals wiederholen)
... „Es atmet mich"
... „Ich bin vollkommen ruhig und gelassen"
... „Der rechte Arm ist strömend warm" (Formel mehrmals wiederholen)
... „Ich bin vollkommen ruhig und gelassen"
... „Der rechte Arm ist strömend warm" (Formel mehrmals wiederholen)
... „Es atmet mich"
... „Ich bin vollkommen ruhig und gelassen"
Zurücknahme:
... „Arme strecken und beugen,
      tief atmen,
      Augen auf"
Halten Sie sich an die Reihenfolge der Übungsformeln, damit sich die Ent-
spannungsreflexe richtig ausbilden können und dauerhaft verankert werden.
Wenn Sie regelmäßig und systematisch autogen trainieren, werden Ihnen die
einzelnen Übungen bald so selbstverständlich sein, daß Sie die ausführlichen
Formulierungen nicht mehr brauchen. Sie denken dann nur noch: Ruhig –
schwer, schwer, schwer – ruhig – schwer, schwer, schwer – ruhig – es
atmet mich – ruhig – warm, warm, warm – ruhig – warm, warm, warm
– es atmet mich – ruhig – Arme fest! – tief atmen! – Augen auf!

Generalisierung

Die Empfindungen der Schwere und Wärme treten meist zuerst im „ich-
näheren" Arm auf. Später breiten sie sich auf den anderen Arm, die Beine und
den ganzen Körper aus. Schultz spricht in diesem Zusammenhang von „Gene-
ralisierung". Sie denken an die Formel „Der rechte Arm ist ganz schwer" oder
„Der rechte Arm ist ganz warm" und spüren – nach einiger Übung – die
Schwere und Wärme in Ihrem ganzen Körper.

Objektiver Nachweis der Muskelentspannung und Erwärmung

Autogenes Training ist keine „Glaubenssache"; es stützt sich auf Erfahrungen, die mit wissenschaftlichen Methoden nachprüfbar sind.
Die Schwereempfindung ist auf die Entspannung der Muskeln zurückzuführen. Die Muskelentspannung läßt sich durch Aufzeichnung eines Elektromyogramms (EMG) – allerdings apparativ verhältnismäßig aufwendig – objektiv nachweisen.
Die Temperatursteigerung bei der Wärmeübung ist durch entsprechende Meßfühler, zum Beispiel an der Hand, relativ leicht feststellbar; die Erhöhung der Temperatur kann je nach Ausgangstemperatur bis zu 8°C betragen. Die Erwärmung beruht darauf, daß mehr Blut durch die Adern fließt.

Formelhafte Vorsatzbildung

„Gedanken und bildhafte Vorstellungen sind Kräfte, die wirken, die nach Verwirklichung drängen. . . . Wir wollen uns und andern Mut machen, unsere Gedanken unter Kontrolle nehmen und nur noch positiven Gedanken, die wir innerlich bejahen, unsere Aufmerksamkeit schenken. Dadurch stärken wir diese und schwächen gleichzeitig das Negative und Zerstörende in uns" (Mengershausen, 1983, S. 8 f.).
Vorsatzformeln können beim AT eingeschoben werden, wenn der Ruhetonus der Grundstufe eingestellt ist. Sie lassen sich auf diese Weise in tieferen seelischen Schichten verankern und haben den Drang sich sozusagen „von unten her" zu verwirklichen. Lindemann (1977, S. 131) beschreibt, wie ihm diese Erfahrung das Leben rettete, als er den Atlantik in einem gewöhnlichen Serienfaltboot überquerte: „Die Vorsätze halfen selbst dann noch, wenn ich nicht mehr bei Bewußtsein war, sie durchbrachen selbst Illusionen und Halluzinationen."
Stellen Sie sich die autogenen Vorsätze jeweils 10- bis 30mal vor. Im allgemeinen ist es von Vorteil, wenn Sie die Formeln mit der Ausatmungsphase koppeln. Sie sollten pro Übung nicht mehr als zwei Suggestionsformeln wählen.
„Formelhafte Vorsatzbildung ist . . . in ihrer Textgestalt an den Standardformeln und der einleitenden Ruheformel zu orientieren, deren Kürze und Prägnanz die Leitidee für die Schlußredaktion jeder Formelbildung umschreibt" (Rosa, 1973, S. 96).
Formelhafte Vorsätze müssen in der grammatikalischen Gegenwart abgefaßt sein und sie sollten möglichst positiv formuliert sein. Die Wiederholungen fallen leichter, wenn man eine melodische Vorsatzformel wählt.
Zu den autogenen Vorsätzen gehört auch die Ihnen bereits bekannte Ruheformel: „Ich bin vollkommen ruhig und gelassen" – eine im Umgang mit eige-

nen und fremden Aggressionen sehr hilfreiche Formulierung. In frustrierenden und ärgerbetonten Situationen fördern Ruhe und Gelassenheit angemessenes Verhalten.

Weitere Beispiele bewährter Vorsatzformeln:
– „Ärger ist ganz gleichgültig"
– „Ich sehe das Gute und freue mich am Leben" (Schultz)

Entsprechende formelhafte Vorsätze können auch dem aus Angst aggressiven Menschen helfen, seine explosiven Reaktionen zu beherrschen und mit seinen Ängsten fertig zu werden.

Schlußwort

„Im Gegensatz zum Tier sagen dem Menschen keine Instinkte, was er muß. Und im Gegensatz zu früher sagen ihm keine Traditionen, was er soll" (Frankl, 1966).

Im Zusammenhang mit der Diskussion von Problemen der individuellen persönlichen Gewalt und der allgemeinen gesellschaftlichen Gewalt, sowie deren Verschränkung, hört man immer wieder den entschuldigenden Hinweis: Das war schon seit Adam und Eva so und wird deshalb auch so bleiben.

„Auge um Auge, Zahn um Zahn" – das blutrünstige, archaische Gesetz des Mose bestimmt die Menschheitsgeschichte. Was wäre es für ein Fortschritt, wenn die Menschen begännen – etwa entsprechend der Bergpredigt – nicht mehr Gleiches mit Gleichem zu vergelten.

- Immer wieder kommt es im menschlichen Zusammenleben zu Konflikten. Die Wahrheit kann dann *gegen* den anderen oder *mit* dem anderen erstritten werden. Auf dieses „*Wie*" kommt es an.
- Die Alternative zur Gewalt ist weder ein lasches Hinnehmen, noch ein gewalttätiges Antworten. „Dem Gegner die Stirn bieten, nicht die Faust", bringt uns der Lösung näher.
- In der Regel hat jeder Mensch eine Adresse und fast jeder hat eine Telefonnummer. Auf diese Weise ist jeder für den anderen erreichbar. Jeder kann *mit* dem anderen reden und braucht nicht *über* ihn zu reden.
- Warum halten wir nicht bis zum Beweis des Gegenteils an der guten Meinung und am guten Willen des anderen fest?
- *Vergeben* und *Vergessen* durchbrechen den Teufelskreis von Unrecht, Vergeltung und Rache.

Es ist vielleicht seit Adam und Eva so, daß die Menschen eben so sind, wie sie sind, aber es muß – was das Verhältnis zu Aggression und Gewalt angeht – nicht in alle Zukunft so bleiben, wenn jeder von uns damit anfängt, sein Leben in Freiheit und Verantwortung zu verwirklichen.

Auf die Frage: „Warum sprühen junge Menschen so oft ,No future – keine Zukunft' an die Betonwände von Gebäuden?" antwortete Viktor Frankl in einem Vortrag: „Sie haben genug, *wovon* sie leben können, aber nicht genug, *wofür* sie leben können. Man kann Sinn nicht verschreiben, wohl aber beschreiben."

„Ich bat Gott um Stärke – Er aber machte
mich schwach,
damit ich Bescheidenheit und Demut lernte.

Ich erbat seine Hilfe, um große Taten zu
vollbringen –
Er machte mich demütig, damit ich gute Taten vollbrächte.

Ich bat um Reichtum, um glücklich zu werden –
Er machte mich arm, damit ich weise würde.

Ich bat um alle Dinge, damit ich das Leben
genießen konnte –
Er gab mir das Leben, damit ich alle Dinge
genießen könnte.

Ich erhielt nichts von dem, was ich erbat –
aber alles, was ich mir erhofft hatte.
Gegen mich selbst wurden meine Gebete erhört."

Unbekannter amerikanischer Soldat
aus dem amerikanischen Bürgerkrieg

Literaturverzeichnis

Adam, H.: Leibeserziehung als Ideologie, in: Das Argument, H. 5, 1966, S. 398 – 405

Adams, V.: Geschwister: Eine lebenslange Bindung, in: psychologie heute, März 1982, S. 23 – 29

Adler, A.: Über den nervösen Charakter, Wien 1912

Adorno, Th. W.: Erziehung zur Mündigkeit, Frankfurt am Main 1970

Aichhorn, A.: Verwahrloste Jugend, Bern 1957[4]

Anderson, H. H./Brewer, J. T.: Studies of teachers' classroom personalities: Effects of teachers' dominative and integrative contacts on children's classroom behavior, in: Appl. Psychol. Monogr., 1964, No. 11

Ax, A. F.: The physiological differentiation between fear and anger in humans, in: Psychosom. Med., 1953, 15, S. 433 – 442

Bach, G. R./Goldberg, H.: Keine Angst vor Aggression, Frankfurt am Main 1981

Bach, G. R./Wyden, P.: Streiten verbindet, Frankfurt am Main 1983

Bandura, A.: Aggression, a social learning analysis, Englewood Cliffs 1973

Bandura, A./Ross, D./Ross, S. A.: Imitation of film-mediated aggressive models, in: J. abnorm. soc. Psychol., 66, 1963a, S. 3 – 11

Bandura, A./Ross, D./Ross, S. A.: Vicarious reinforcement and imitative learning, in: J. abnorm. soc. Psychol., 1963b, 67, S. 601 – 607

Barker, R./Dembo, T./Lewin, K.: Frustration and regression: An experiment with young children. University of Iowa Studies in Child Welfare, 1941, 18 (Nr. 386)

Beatty, J.: Widerspruch gegen Lorenz die Ute betreffend, in: *Montagu, A.* (Hrsg.): Mensch und Aggression, Weinheim 1974

Belschner, W.: Das Lernen aggressiven Verhaltens, in: *Selg, H.* (Hrsg.): Zur Aggression verdammt?, Stuttgart 1978, S. 54 – 97

Berkowitz, L.: Aggression: A social psychological analysis, New York 1962

Berkowitz, L.: Aggression. Stichwort in: *Arnold, W./Eysenck, H. J./Meili, R.* (Hrsg.): Lexikon der Psychologie, Freiburg im Breisgau 1971

Berkowitz, L./Green, J. A./Macaulay, J. R.: Hostility catharsis and the reduction of emotional tension, in: Psychiatry, 1962, 25, S. 23 – 31

Berkowitz, L./Le Page, A.: Weapons as Aggression-eliciting Stimuli, in: Journal of Personality and Social Psychology 1967, 7, S. 202 – 207

Berkowitz, L./Knurek, D. A.: Label-mediated Hostility Generalization, in: Journal of Personality and Social Psychology 1969, 13, S. 200 – 206

Berne, E.: Spiele der Erwachsenen, Reinbek bei Hamburg, 1970

Bessler, H. Brutalität im Fernsehen, in: *Prokop, D.* (Hrsg.): Massenkommunikationsforschung, 2: Konsumtion, Frankfurt am Main 1973

Bettelheim, B.: Individual and mass behavior in extreme situations, in: J. abnorm. soc. Psychol., 1943, 38, S. 417 – 452

Bettelheim, B.: Individual and mass behavior in extreme situations, in: *Maccoby, E. E./Newcomb, T./Hartley, E.* (Hrsg.): Readings in social psychology,
New York 1958

Brand-Hetzel, Chr.: Autogenes Training, München 1982

Brenner, H.: Autogenes Training – Schritt für Schritt, München 1978

Brenner, H.: Entspannungs-Training für alle, München 1982

Buss, A. H.: Physical aggression in relation to different frustrations, in: J. abn.
soc. Psychol. 1963, 67, S. 1 – 7

Buss, A.: The psychology of aggression, New York 1961

Buss, A.: Physical aggression in relation to different frustrations, in: J.
abnorm. soc. Psychol., 1963, 67, S. 1–7

Ceh, J.: Vergleichende, empirische psychologisch-pädagogische Analyse
unterschiedlicher Organisationsformen einer Fachschule, Frankfurt am
Main 1977

Ceh, J.: Prüfungsangst überwinden. Entspannt und ohne Streß meistern Sie
jede Prüfung, Therapie-Programm mit Tonkassette, Landsberg am Lech
1984

Ceh, J.: Selbstbewußtsein lernen. So trainieren Sie Selbstsicherheit und
Selbstbehauptung, Therapie-Programm mit Tonkassette, Landsberg am
Lech 1985a

Ceh, J.: Optimales Lernen. Tips und Kniffe für geistiges Arbeiten, Landsberg am Lech 1985b

Ceh, J.: Verhaltensmodifikation in der Werkstatt für Behinderte, in: Berufli-
che Eingliederung Behinderter, Heft 2, 1985c, S. 24–31

Ceh, J.: Gelassenheit trainieren. Das Anti-Streß-Programm: Entspannung,
Eutonie, Meditation, Therapie-Programm mit Tonkassette, Landsberg
am Lech 1986a

Ceh, J.: Lerntheoretische Erklärungsansätze von Schulschwierigkeiten und
verhaltensmodifikatorische Maßnahmen, in: Herchen, H.-A. (Hrsg.):
Beiträge zur Pädagogik, Texte zur Pädagogik 2, Frankfurt am Main
1986b, S. 24–48

Chagnon, N. A.: Yanomamö: The Fierce People, Holt, Rinehart & Winston,
Inc., 1968

Davies, J. C.: Toward a Theory of Revolution, in: Berkowitz, L. (Hrsg.):
Roots of Aggression, New York 1969

Dennis, W./Najarin, P.: Infant development under environmental handicap,
in: Psychol. Monogr. General and Applied, 1957, 73, S. 77–86

Denker, R.: Aufklärung über Aggression, Stuttgart 1966

Denker, R.: Angst und Aggression, Stuttgart 1974

Dollard, J./Doob, L. W./Miller, N. E./Mowrer, O. H./Sears, R. R.: Frustration and aggression, New Haven 1939

Ellis, A.: Reason and emotion in psychotherapy, New York 1962

Ellis, A.: Growth through reason: verbatim cases in rational-emotive therapy, Hollywood 1973

English, F.: Transaktionale Analyse und Skriptanalyse, Aufsätze und Vorträge, Hamburg 1976

Eron, L. D./Huesmann, L. R./Lefkowitz, M. M./Walder, L. O.: Does television violence cause aggression?, in: Amer. Psychologist, 1972, 27, S. 253 – 263

Fensterheim, H./Baer, J.: Sag nicht Ja, wenn Du Nein sagen willst, München 1981

Feshbach, S./Singer, R. D.: Television and aggression, San Francisco 1971

Frankl, V. E.: Ärztliche Seelsorge, Wien 1966

Freud, S.: Der Witz und seine Beziehungen zum Unbewußten, Frankfurt am Main 1975 (Erste Auflage: 1905)

Freud, S.: Jenseits des Lustprinzips, 1920, Ges. Werke Bd. 13

Freud, S.: Das Unbehagen in der Kultur, 1930, Ges. Werke Bd. 14

Freud, S.: Warum Krieg?, 1933, Ges. Werke Bd. 16

Freud, S.: Abriß der Psychoanalyse, 1938, Ges. Werke Bd. 17

Fromm, E.: Anatomie der menschlichen Destruktivität, Reinbek bei Hamburg 1977

Fürntratt, E: Psychologie der Aggression, in: betrifft: Erziehung, 1972, 5, S. 27 – 33

Gabler, H.: Aggression und Sport. Grundlegende Überlegungen für pädagogische Zielsetzungen, in: *Furian, M.* (Hrsg.): Du tust mir weh . . ., Fellbach 1979

Gehlen, A.: Sport und Gesellschaft, in: *Schultz, U.* (Hrsg.): Das große Spiel, Aspekte des Sports in unserer Zeit, Frankfurt 1965

Goldstein, J. H./Arms, R. L.: Effects of Observing Athletic Contests on Hostility, in: Sociometry, 1971, 34, S. 83 – 90

Hacker, F.: Sport: Zweischneidige Aggressionskontrolle, in: *Hacker, F.:* Materialien zum Thema Aggression, Wien 1972

Hacker, F.: Aggression. Die Brutalisierung der modernen Welt, Reinbek bei Hamburg 1973

Harris, Th. A.: Ich bin o.k. – Du bist o.k., Reinbek bei Hamburg 1975

Havers, N.: Erziehungsschwierigkeiten in der Schule, Weinheim und Basel 1981[2]

Heinelt, G.: Umgang mit aggressiven Schülern, Freiburg im Breisgau 1978

Heinzel, F.: So geht's besser im Beruf, Freiburg im Breisgau 1983

Herrmann, T.: Lehrbuch der empirischen Persönlichkeitsforschung, Göttingen 1976

Hicks, D. J.: Imitation and retention of film-mediated aggressive peer and adult models, in: Journ. Personality and soc. Psychol., 1965, 2, S. 97 – 100

Himmelweit, H.: Fernsehen im Kindesalter, in: *Friedeburg, L. v.* (Hrsg): Jugend in der modernen Gesellschaft, Köln 1965, S. 531 – 548

Holst, E. v./Saint Paul, U. v.: Vom Wirkungsgefüge der Triebe, in: Naturwiss., 1960, 47, S. 409 – 422

Jacobson, E.: Progressive Relaxation, Chicago 1938

Jugendwerk der Deutschen SHELL: Jugend – Bildung und Freizeit, Hamburg o. J. (Eigenverlag)

Kellner, H./Horn, I.: Gewalt im Fernsehen. Literaturbericht über Medienwirkungsforschung, in: Schriftenreihe des ZDF, H. 8, Mainz 1971

Kregarman, J. J./Worchel, P.: Arbitrariness of frustration and aggression, in: J. abnorm. soc. Psychol., 1961, 63, S. 183 – 187

Kuiper, P. C.: Aggressivität und das metapsychologische Modell, in: *Mitscherlich, A.* (Hrsg.): Bis hierher und nicht weiter, München 1969, S. 50 – 66

Kunz, H.: Die Aggressivität und die Zärtlichkeit, Bern 1946

Langelüddeke, A.: Gerichtliche Psychiatrie, Berlin 1959

Lauster, P.: Selbstbewußtsein kann man lernen, München 1978

Lay, R.: Dialektik für Manager, Reinbek bei Hamburg 1976

Lifton, R. J.: Home from the War, New York 1973

Lindemann, H.: Anti-Stress-Programm. So bewältigen Sie den Alltag, München 1977

Lindemann, H.: Überleben im Stress. Autogenes Training, München 1978

Lischke, G.: Psychophysiologie der Aggression, in: *Selg, H.* (Hrsg.): Zur Aggression verdammt?, Stuttgart, Berlin, Köln, Mainz 1975[4]

Lorenz, K.: Das sogenannte Böse. Zur Naturgeschichte der Aggression, Wien 1972[30-31]

Lorenz, R./Molzahn, R./Teegen, F.: Verhaltensänderung in der Schule: Systematisches Anleitungsprogramm für Lehrer, Reinbek bei Hamburg 1976

Maccoby, E. E.: Die Wirkung des Fernsehens auf Kinder, in: *Schramm, W.* (Hrsg.): Grundfragen der Kommunikationsforschung, München 1973[5]

MacMillan, D.: Verhaltensmodifikation, München 1975

Makarenko, A. S.: Der Weg ins Leben, Berlin 1950

Mantell, D. M.: Das Potential zur Gewalt in Deutschland, in: *Schmidt-Mummendey, A./Schmidt, H. D.* (Hrsg.): Aggressives Verhalten, München 1972[2], S. 161 – 178

Mantell, D. M.: Familie und Aggression, Frankfurt am Main 1972

Maslow, A. H.: Motivation und Persönlichkeit, Reinbek bei Hamburg 1981

Mengershausen, J. v.: Entspannung durch autogenes Training, Bad Homburg v. d. H. 1983[7]

Mensen, H.: ABC des autogenen Trainings, München 1974

Mietzel, G.: Pädagogische Psychologie, Göttingen 1975[2]

Miller, N. E.: The frustration-aggression-hypothesis, in: Psychol. Rev., 1941, 48, S. 337–342

Milgram, S.: Das Milgram-Experiment. Gehorsamsbereitschaft gegenüber Autorität, Reinbek 1974

Milgram, S.: Behavioral Study of Obedience, in: Jour. Abn. Soc. Psychol., 1963, 67, S. 371 – 378

Mitscherlich, A.: Die Idee des Friedens und die menschliche Aggressivität, Frankfurt 1969

Mucchielli, R.: Das nicht-direktive Beratungsgespräch, Salzburg 1972

Mundzeck, H.: Kinder lernen Fernsehen, Reinbek bei Hamburg 1973

Neumann, O.: Sport und Persönlichkeit, Versuch einer psychologischen Diagnostik und Deutung der Persönlichkeit des Sportlers, München 1957

Nolting, H.-P.: Lernfall Aggression, Reinbek bei Hamburg 1978

Pastore, N.: The role of arbitrariness in the frustration-aggression-hypothesis, in: J. abnorm. soc. Psychol. 1952, S. 728–732

Peter, B./Gerl, W.: Entspannung, München 1981

Plack, A.: Sport als Aggressionsventil?, in: *Plack, A.:* Der Mythos vom Aggressionstrieb, München 1973, S. 218 – 227

Prokop, D. (Hrsg.): Massenkommunikationsforschung, 2: Konsumtion, Frankfurt am Main 1973

Rautenberg, W./Rogoll, R.: Werde, der du werden kannst, Freiburg im Breisgau 1980

Rogers, C. R.: Counseling and psychotherapy – newer concepts in practice, Boston 1942

Rogoll, R.: Nimm dich, wie du bist, Freiburg im Breisgau 1976

Rosa, K. R.: Das ist Autogenes Training, München 1973

Rothaus, P./Worchel, P.: The inhibition of aggression under nonarbitrary frustration, in: J. Pers., 1960, 28, S. 108 – 117

Sayegh, Y./Dennis, W.: The effect of supplementary experiences upon the behavioral development of infants in institutions, in: Child Development, 1965, 36, S. 81 – 90

Schramm, W. (Hrsg.): Grundfragen der Kommunikationsforschung, München 1973[5]

Schultz, J. H.: Das Autogene Training. Konzentrative Selbstentspannung, Stuttgart 1973

Schultz, J. H.: Übungsheft für das Autogene Training, Stuttgart 1977[18]

Scott, W. A.: Research definitions of mental health and mental illness, in: Psychol. Bulletin, 1958, 55, S. 29 – 45

Sears, R. R.: Nonaggressive reactions to frustration, in: Psychol. Rev., 1941, 48, S. 343 – 346

Selg, H.: Die Frustrations-Aggressions-Theorie, in: Selg, H. (Hrsg.): Zur Aggression verdammt?, Stuttgart 1978[5]

Selg, H.: Diagnostik der Aggressivität, Göttingen 1968

Singer, J. L. (Hrsg.): Steuerung von Aggression und Gewalt, Frankfurt 1972.

Singer, J. L.: In Fernsehen und Film dargestellte Gewalt und ihr Anteil an der Bewirkung offener Aggression, in: *Singer, J. L.* (Hrsg.): Steuerung von Aggression und Gewalt, Frankfurt 1972

Smith, D. E./King, M. B./Hoebel, B. C.: Lateral hypothalamic control of killing: Evidence for a cholinoceptive mechanism, Science, 1970, 167, S. 900 – 901

Spitz, R. A.: Hospitalism, an inquiry into the genesis of psychiotric condition in early childhood, in: Psychoanalyt. Study Child, 1945, 1, S. 53 – 74

Stegemann, J.: Leistungsphysiologie, Stuttgart 1971

Stewart, O. C.: Was Lorenz und Margolin über die Ute-Indianer zu sagen haben, in: *Montagu, A.* (Hrsg.): Mensch und Aggression, Weinheim 1974.

Tausch, R./Tausch, A.: Erziehungspsychologie, Göttingen 1979[9]

Tomann, W.: Familienkonstellationen, München 1980[3]

Volkamer, M.: Experimente in der Sportpsychologie, Schorndorf 1971

Volkamer, M.: Zur Aggressivität in konkurrenzorientierten sozialen Systemen (Eine Untersuchung an Fußball-Punktspielen), in: Sportwissenschaft, 1971, 1, S. 33 – 64

Walters, R. H./Thomas, E. L.: Enhancement of punitiveness by visual and audio-visual displays, in: Canad. Journ. Psychol., 1963, 17, S. 244 – 255

Wandel, F.: Erziehung im Unterricht, Stuttgart 1977

Watzlawick, P./Beavin, J. H./Jackson, D. D.: Menschliche Kommunikation, Bern/Stuttgart/Wien 1969

Wickler, W.: Biologie der Zehn Gebote, München 1971

Winkler, H. J.: Sport und politische Bildung. Modellfall Olympia, Opladen 1972

Wulf, Ch./Groddek, N.: Unterricht: Interaktions- und Kommunikationsstrukturen, in: Funkkolleg Beratung in der Erziehung, Bd. 1, Frankfurt 1977, S. 217 – 246

Zimbardo, P. G./Ruch, F. L.: Lehrbuch der Psychologie, Berlin, Heidelberg, New York 1978[3]

Quellenangaben der Abbildungen (Karikaturen)

S. 37 *Marcks, Marie:* Krümm dich beizeiten!, Quelle & Meyer Verlag, Heidelberg/Wiesbaden 1980[3]

S. 79 *Mietzel, G.:* Pädagogische Psychologie, Verlag für Psychologie Dr. D. J. Hogrefe, Göttingen 1975, S. 231
dort Angabe:
„Zeichnung von *S. Stamaty;* © 1951, The Saturday Review Associates, Inc.".

Namenregister

Sachregister